U0039703

# 光影北歐

## 跟著電影去旅行

黃作炎—著

# 目 錄

## Chapter 1　北歐四國

## Chapter 2　北歐文化

# 北歐地圖

雷克雅維克● 冰島

愛爾蘭

英國

法國

# 天馬行空去旅行

**黃玉珊**（玄奘大學傳播學院院長）

　　「我不在電影院，就在人生路上，行旅！」這句話是作家黃作炎 Dennis 的生活寫照，也幾乎成了如影隨行的鮮明標誌！《光影北歐》是黃作炎最新的一部電影書，主要是談他的北歐行旅記憶和經驗分享。

　　談到北歐斯堪地那維亞半島，我們的腦海不期然會浮現丹麥、瑞典、挪威、冰島的地理圖像，會想起丹麥作家安徒生的童話、挪威畫家孟克的作品，還有瑞典電影導演柏格曼、丹麥導演拉斯馮提爾等電影大師的作品。在我們成長的過程中，接觸到有關哲學、生命探索、刻劃人性的電影、表達人生和藝術的關係，都曾在這幾位藝術家的作品中深刻的呈現。

　　擅長在旅行文學中導入電影情節和場景的黃作炎，繼《摩洛哥古城沙漠聖羅蘭》、《走讀俄羅斯》之後，以他的生花妙筆，在《光影北歐》一書中，進一步帶領我們進入北歐導演的電影時光，由於他對旅行和電影的熱愛，帶著我們去巡禮北歐的自然景觀和人文內涵，並駐足巡弋於這些導演拍攝過的電影場景之中。

　　在這本專書裡，作家對於電影內容來龍去脈的旁徵博引、故事情節的敘述，對照導演經歷融入作品的解說，充滿懸宕的電影感，配上精美的攝影照片，作家多次親身蒞臨電影有關的拍攝場景，與

當地人士互動，讓讀者如置身戲劇情境，閱讀中感受到自然的生命與旅行的發現，一路走來興味盎然。

更重要的是，他以一位兼具專業作家、旅行達人、影像工作者，以及電影評論家的身分，帶著我們親歷其境去體驗電影中詮釋的各種生命情境，卻又包含現實生活裡，人們因工作而忘卻煩惱、樂在其中的美好景況。

這本書和一般的旅行文章、觀光導覽大不相同，讀者除了見證北歐特殊的山川自然景觀之外，也隨著作家的視界，進入北歐的人文藝術領域，書中所提到的幾部電影，都是影史上的經典作品。例如柏格曼導演的電影，從黑白影片到彩色影片，從《第七封印》、《處女之泉》、《野草莓》，到《假面》、《婚姻生活》、《芬妮與亞歷山大》，這些作品顯現出導演洞悉人性的複雜面，透過演員精湛的表演，呈現出電影藝術的特殊手法，許多畫面令人迴思難以忘懷，都是後學者學習電影過程中的經典。

從柏格曼到當代的拉斯馮提爾，讀者應該會記得後者的幾部坎城和奧斯卡得獎作品，包括：《醫院風雲》、《歐洲特快車》、《破浪而出》、《在黑暗中漫舞》、《白癡》、《厄夜變奏曲》等，每部作品的手法都顯現出導演如何透視人性、超越生死，和藝術表達的才華。

他的後期作品《撒旦的情與慾》，更是融合寫實和超現實的手法，對夫妻、親子之間的複雜關係深刻呈現，讓人看了震撼不已。

縱觀這些導演的作品，會讓人們體會到生命的境界是如此深邃

和遼闊，這些作品雖然手法各異，但都有一脈相承的直面生命、質疑傳統價值觀念的勇氣，對於哲理的探討和人性幽暗面的透視，以及對生命不同層次的挑戰和領悟。

他們的作品內涵和藝術形式，在影史上為北歐和世界電影樹立了一個典範，這樣的電影產生的地理環境和社會背景，當然會引起觀眾的無限好奇和嚮往。

黃作炎的《光影北歐》帶著觀眾去到這個電影藝術發生的源頭，我們看到極光、看到北歐的教堂、看到冰天雪地的曠野、看到人們生活的情景、看到人們的宗教信仰、看到人們失常的精神狀態、看到萬物在叢林中的吶喊，也看到隨著時間的變遷帶來對生命的讚頌，不同的導演為他成長及孕育藝術生命的環境，賦予更豐富的色彩、聲音和視野。

除了這幾位馳名國際的導演其作品深入人心，引起共鳴之外，還有誕生安徒生童話的作者，佇立於城市海港邊的美人魚雕像，早已成了觀光客到北歐嚮往的地標景觀，而在這個地方創作的日語片《海鷗天堂》，讓讀者對北歐人的起居飲食，留下深刻的味覺印象。

看完這本書，會讓人迫不及待想要做一趟北歐之旅，讓我們一起沉湎於電影的時光，進入導演鏡頭下捕捉的人物和光影，隨著演員細膩生動的表演及扣人心弦的情節發展，深入這片土地的靈魂和孕育這個藝術作品的世界，讓作家的熱情和思考，透過文字的魅力，帶領我們走進北歐國家豐富的文化和藝術天地。

# 生活當中多一些想像也會更幸福

李三財（就諦學堂創辦人）

　　充滿期待又驚喜，是讀完作炎的這一本北歐電影旅行書的心情。

　　我很喜歡旅行，小時候最喜歡在長假時，陪同學回他的故鄉走訪，領略那份不同的鄉村風貌及人情，在就讀大學時，我除了積極參與寒暑假的研習，更把握校際的交流到海外參訪。在出社會的最初十年忙於創業，也把握機會前往泰北、越南等地考察，希望打開自己視覺與心裡的那面窗，直到小孩出生，我們也常一家人去日本、韓國、美國，也規劃到柬埔寨、緬甸作義診，及公益之旅，在旅行中找尋不同的生命意義，而歐洲是我們最想去探索的新境地。

　　在香港度過的童年歲月當中，有很長的時間也是透過卡通或童話書籍作伴，滿足了對外面世界的期待與想像。大學時期，陪同世新當時的校長成嘉玲博士至英國訪問交流，有一天我們駐足在莎士比亞的故居，我特別雀躍，彷彿進入了如畫般的文學世界。

　　有幸趁早拜讀作炎兄這本最新的大作，讓我想起更多關於童年的回憶，包括安徒生的故事，因著《醜小鴨》、《賣火柴的小女孩》、《國王的新衣》等等膾炙人口的童話書，增添童年許多色彩，也開啟我對北歐的印象。

充滿渴望的安徒生，就像他筆下賣火柴的女孩一樣，又像人魚公主，無法說出他的愛而飽受折磨，但在夢中看見：滿滿的食物、溫暖的火爐、戀人們彼此擁抱等等美好的事物。

自從小女稍微懂事開始，她便喜愛上嚕嚕米（Moomin），這個來自芬蘭森林的小精靈——嚕嚕米。不論是卡通、繪本或小說，女兒總是對嚕嚕米在森林裡冒險故事，愛不釋手地把玩其中，千奇百怪的幻想就這麼充滿在她小小的歡笑記憶之中。

在香港成長的我，小時候常盼望著自己能成為一個自立自強，並能夠幫助他人完成心願的人。當我慢慢擁有一些專業能力與經濟基礎，就開始效法劉德華，在母校成立獎學金。近年成為社會福利導向的「台北市賽珍珠基金會」董事時，我更格外小心，希望爭取更多的資源並幫助真正有需要的人，而不會因外在主觀因素而造成了分配上的不均。

擁有創作的夢想和堅持不懈的安徒生，曾說：「僅僅活著是不夠的，生活需要想像，還有用筆寫出我生活沒有的事。」我相當喜歡這句話，安徒生的生活如同童話故事般精采，一如作炎的人生，電影旅行，精采而幸福。

期待下次我們全家跟著作炎，到北歐旅行，看看挪威、瑞典、丹麥、芬蘭等國家的風景。

# 記憶與想像——尋找真實的北歐

但唐謨（知名影評人）

　　在台灣的流行文化中，北歐是一個比文青還要义青的世界。

　　過去的記憶裡，北歐的印象可能是「性開放」，例如邵氏公司在 70 年代的剝削電影《丹麥嬌娃》，就是在誇大如此的刻板印象。但是曾何幾時，北歐變成一個很酷的符號，極簡的空間風格變成「北歐風」，丹麥歌手碧玉，丹麥樂團 Sigur Ros、Mew，都曾經來過台灣，電影導演拉斯馮提爾、洛伊安德森等，更是影展影迷的焦點。或許因為北歐夠遙遠，夠「陌生」，它漸漸成為台灣文青們一種想像中逃逸的空間；彷彿到了這世界的盡頭，俗世紛擾都會馬上消失。

　　然而想像歸想像，大部分的人可能並沒有去過北歐吧！而真實的北歐，或許可以從黃作炎的影像／旅遊書寫《光影北歐》中去認識。這本書結合了旅遊和電影文字，從丹麥的歷史／地景敘述開始，彷彿一系列漂亮的風景明信片；然後，漸漸地進入北歐電影的世界。

　　書中提到的第一部電影《海鷗食堂》，或許抒發了生活在亞洲的人對於北歐的感覺，用視覺體現這份浪漫的想像。但畢竟這是東方／日本人眼中的北歐。作者接著列舉一系列真正北歐導演的作品，包括個人風格特異的洛伊安德森；犯罪小說作家史迪格

拉森（千禧三部曲／《龍紋身的女孩》），以及瑞典大師英格瑪柏格曼的作品。帶領我們從電影的記憶與回憶中，尋找真實的北歐。在這些電影的敘述中，我們也從中梳理出北歐的文化、民俗、痛苦煩惱美麗哀愁等等，而不再是浮面的浪漫。

　　這部電影「遊記」的後半段，回到了大自然與童年。在極光的描述中，我們看到了大自然賦予北歐的美麗與奧妙。而書中提到的一部電影《狗臉的歲月》，曾經是金馬影展最早的電影之一，這部片的敘述又彷彿帶著回到了看電影、看柏格曼、看藝術電影的原始初心。

　　《光影北歐》巧妙地把台灣、北歐、電影，以及我們的電影記憶串連在一起。

# 光影北歐──極光、峽灣、柏格曼

　　一般提到北歐，就會聯想到「斯堪地那維亞」（Skandinavien）一詞，地理上指的是斯堪地那維亞半島，包括挪威和瑞典，文化與政治上則包含丹麥。這些國家互相視對方屬於斯堪地那維亞，雖然政治上彼此獨立，但共同的稱謂，顯示其歷史文化的淵源。

　　北歐國家的皇室大多為古代丹麥王國的後裔與遠親，所以自古以來，整個北歐將這十字沿用至今。這些國家的國旗，除了顏色不同，但旗幟上都有「十字」圖案，彼此之間關係也很好，仍積極地實現北歐一體化而努力。

　　曾聽過「斯堪地那維亞十字」這個名詞嗎？這是源自於西元 1192 年，條頓騎士團標誌，丹麥一統北歐，建立卡爾瑪聯盟（Kalmarunionen）後，這旗幟就成為整個北歐的象徵。

　　早在 8 世紀到 11 世紀之時，斯堪地那維亞的維京人，可能是探險家、武士、商人和海盜，他們沿著河流、向上游內地一路打劫、掠奪，曾經控制東歐平原和波羅的海沿岸，有些船隊更遠航至裏海、伊朗、美索不達米亞等地。

　　在 18 世紀時被稱作「三兄弟」的丹麥、挪威和瑞典這三國，陸續建國，再加上後來的芬蘭，這四個北歐國家（Nordics），宣

揚建立一個北歐共同體而努力。

挪威國歌〈挪威之歌〉中，提到：「在海上經歷風風雨雨，我們千萬人建立家國。」看著北歐相關的歷史與文化、共通的神話、相似的語言系統，形成斯堪地那維亞獨特的文學和語言體系。

在還未去北歐之前，對北歐的印象是白雪靄靄雪國景色、社會福利完善，聖誕老公公、安徒生，還有電影大師柏格曼、拉斯馮提爾，近年受矚目的導演洛伊安德森，不然就是：IKEA、Volvo、Georg Jensen、ABBA 等等符號。

親自造訪幾次之後，才發現北國還有許多值得細細去體驗的內涵，以下是個人歸納出來的特點：

## 壯麗的自然風光

北歐壯麗的自然風光，多是冰河切割出來峽灣和湖泊，還有地熱溫泉。光是挪威西海岸線就長達數千公里，渡輪航行其中，總讓自己光是欣賞就目不暇給。

常常在河流直駛的時光之中，彎過一山的沿岸邊，就在一眨眼的時間，船舶又駛向另一處美景。佇立在船的船頭、船尾處，雖然有些冷，但穿著厚衣，攬盡峽灣處處是美麗、彎彎是驚喜，深怕錯過壯麗之境，很想盡覽所有的美景。

## 街頭的創意巧思

北歐生活中的每個細節，像是把一個天馬行空的想像，具體地表現在生活裡，走在街道上心情會不知不覺地高興起來，因為看到許多有趣的事物。

身處北歐街頭，目光不時會被造型前衛、簡單素麗的建築所吸引。哥本哈根的市政廳附近、奧斯陸的歌劇院區、赫爾辛基中央車站、馬爾默的旋轉大廈……等，驚覺發現原來房子可以這麼有創意地蓋起來。

北歐人的創意不單表現在建築上，例如公共藝術：頑皮的人像、銅管拼成的音樂家、菌菇造型、卡通人物造型……，讓我忍不住多看幾眼。

## 祥和的生活理念

北歐是全世界社會福利制度最完善的地方，近年來在國際評比報告中，像是：美好生活指數、工作發展指數、全球性別差距報告的榜單上，總是名列前茅。

他們可以在工作中生活，也可以在生活中工作，是他們對生活的一種態度，你可以親自來看看、問問當地人，他們對於工作持守什麼樣的原則。北歐四國的人口密度相對較低，經濟水平高，生活富足，福利保障極度完善，是許多國民移民的首選。

要探究北歐人如何做到這點，就必須來北歐一趟，無論是春夏秋冬哪一個季節，任選一趟旅程，親自感受一下「斯堪地那維

亞」北歐板塊的人文、自然風景，親自感受北歐人普遍的價值觀
與民族性。

## 跟著電影的眼光 體驗北歐

　　一向跟著電影去旅行的我，更想體驗像電影般的情境，像是
電影《狗臉的歲月》的滿天星光、走在《就像在天堂》裡，唱詩
班的瑞典小鎮路上、參觀《百歲老人蹺家去》的那一間養老院、
尋找《龍紋身的女孩》中，渾身刺青的女孩莎蘭德的蹤影、窺探
北歐電影大師英格瑪柏格曼的故居、導演洛伊安德森眼中夢幻的
街道。

　　北歐的華麗自然地形上，點綴著美麗的風光，挪威峽灣各種
形狀和大小令人嘆為觀止的瀑布。芬蘭擁有非常多的教堂建築，
在瑞典的諾貝爾博物館了解與諾貝爾有關的歷史。在丹麥古老的
宮殿，體驗衛兵換崗儀式。

　　這幾個國家更有各類北歐船隻的海盜船博物館，充滿藝術氣
息的雕塑、城市中修剪整齊的花園，郊區森林公園內採野菇，這
童話般的國度，每年都能吸引許多來自世界各地的遊客。

　　不過到北歐國家遊歷，別忘了在行李箱帶一件防雨的衣服，
天氣迅速變化的北歐，原本是燦爛千陽，一眨眼竟下起雨來！有
趣的是，沒多久又恢復原本豔陽的天氣。有人打趣地說：在北歐
旅行，永遠不會出錯的就是天氣，最常用的服裝是雨衣。

　　我不在電影院，就在人生路上，行旅！

Chapter 1

# 北歐四國

**芬蘭**
首都：赫爾辛基
面積：338,424 平方公里
人口：5,516,224 人（2017）
人均 GDP：52,422 美元（2018）

**瑞典**
首都：斯德哥爾摩
面積：450,295 平方公里
人口：10,071,000 人（2019）
人均 GDP：51,603 美元（2019）

**挪威**
首都：奧斯陸
面積：385,207 平方公里
人口：5,367,580 人（2017）
人均 GDP：82,711 美元（2018）

**丹麥**
首都：哥本哈根
面積：42,923.53 平方公里
人口：5,707,251（2017）
人均 GDP：46,602 美元（2018）

# 千湖之國　芬蘭

芬蘭（Finland），位於歐洲北部，北歐四國之一（本書範疇不包含冰島），與瑞典、挪威、俄羅斯接壤，南臨芬蘭灣，西瀕波的尼亞灣，全國湖泊約 18.8 萬個，湖泊之多亦是舉世聞名，贏得「千湖之國」之稱。

芬蘭國土面積有三分之一位於北極圈內，蒼翠的樹林則占了 2 / 3 的面積，聖誕老人的故鄉就在這一區，最早的居民為拉普人，故芬蘭又稱拉普蘭，芬蘭人遷入後，建立芬蘭大公國。12 世紀後半期被瑞典統治。1809 年俄瑞戰爭後，併入俄羅斯帝國，成為大公國。1917 年 12 月芬蘭共和國宣布獨立，成為一個永久中立國。

---

**《芬蘭頌》**（*Finlandia, Op.26*）

作曲家西貝流士為對抗俄羅斯帝國寫成的交響樂曲，激昂憤慨、氣勢磅礴的音符，喚起芬蘭人民的愛國之心。

芬蘭是一個高度發達的資本主義國家，也是一個高度工業化、自由化的市場經濟體，芬蘭是歐盟成員國之一，但人均產出遠高於歐盟平均水平，與其鄰國瑞典相當，國民享有極高標準的生活品質。

芬蘭全國最大的城市及首都赫爾辛基（Helsinki），是世界上緯度第二高的首都，僅次於冰島的首都雷克雅維克。所謂「大赫爾辛基」是由赫爾辛基和埃斯波、萬塔、考尼艾寧四個城市所組成的都會區，在 2014 年底的統計中有 140 萬人。

赫爾辛基距離愛沙尼亞塔林約 80 公里，距離西南的瑞典斯德哥爾摩約 400 公里，距離東邊的俄羅斯聖彼得堡約 300 公里，所以有不少自助背包客，會順道遊歷這三座城市。

## 西貝流士公園（Sibeliuksen puisto）

一大早郵輪底達赫爾辛基港口，我們就先從較遠處走，好幾次都從西貝流士公園開始赫爾辛基的 tour，因為在公園旁，有一處靠海的港灣，碼頭上停靠幾艘遊艇，不要錯過來這裡散個步。走至海岸邊，見不少赫爾辛基人沿岸邊散步、跑步、騎單車，又或是優閒坐在岸邊椅子上曬太陽、欣賞風景，一派恬適景象，是在地人日常生活的一部分。

在 60 年代才建成眼前的這座「西貝流士公園」（Sibelius Park），過馬路來到公園內，不禁想起音樂家西貝流士（Jean Sibelius），及他最知名的交響樂曲〈芬蘭頌〉（*Finlandia, Op.26*），這首在俄國沙皇統治芬蘭期間，激勵芬蘭民族意識的名曲。

◀西貝流士 1892 年時的肖像畫。
▼西貝流士公園的紀念碑。

500 多根高高低低銀色鐵管，矗立在公園裡，芬蘭藝術家埃拉・希爾圖寧設計的紀念碑，在 1967 年 9 月 7 日竣工。西貝流士紀念碑在竣工初期因其外形曾引發巨大的爭論。

像是一個大型的管風琴，放在公園的草地、合而為一，當風吹進公園內，相互交流，儼然大自然奏出一曲和諧的樂章，就像西貝流士知名的〈芬蘭頌〉，在這個公園內，渾然天成，與西貝流士的音樂家身分相互呼應。

走進「管風琴」內，抬頭從鐵管間縫隙，或是透過鐵管仰望上方天際，會看見類似蜂窩狀，一管一管，饒富趣味！旁邊有一個人臉的雕像，就是這座公園的主角「西貝流士」。

生於西元 1865 年的西貝流士，目睹祖國長久以來受到俄羅斯沙皇尼古拉二世統治下，飽受折磨，芬蘭人民生活過得很辛苦，在 1899 年，西貝流士譜下這首〈芬蘭頌〉，如泣如訴，表達他心中對國家的熱愛，聽聞此曲的芬蘭人受到感動，進而激發起芬蘭人的民族意識，團結一心對抗沙皇，終於在 1917 年脫離俄國而獨立。

公園內綠意盎然，草木扶疏，春天漫步在滿眼綠意的園內；秋天步行在金黃、泛紅的落葉林道；冬天白雪覆蓋下，更是另一種風情，各具不同滋味。

## 赫爾辛基中央車站　周邊好好逛

外表古樸的赫爾辛基中央車站，芬蘭語為 Helsingin päärautatieasema，1914 年完工的火車站，是芬蘭重生的象徵，也是赫爾辛基的標誌性建築。資料顯示每日平均利用旅客數高達 20 萬人，可見真的很重要！

　　火車站，牆面以花崗岩建材呈現厚實感，設有正門和西門，而正門左右兩旁，各有巨大人形雕像手拿圓燈，旁側還有大鐘樓，是由芬蘭建築師——伊利爾沙里寧（Eliel Saarinen）所設計的大型藝術品，以垂直的高牆和大弧度的鑲銅拱門，以及簡練的細部線條，完美表現磚石建築的特性，引人注目。

　　入口處以幾何式的裝飾，兩邊有持火人像，一左一右、相互對稱，在夜間會亮起來，照亮進進出出的乘客，被視為全球火車站建築中的極品之一。車站大樓與前方的

大樓之間有一條地下商店街，前方的大樓內則有餐廳、
咖啡屋及商店等，車站前廣場的下方即為地下鐵車站。
車站前的廣場，人潮洶湧、車水馬龍，與四周的現代化建築，
形成北歐典型的都市景觀。

　　市區的中央火車站周邊一帶，是赫爾辛基熱鬧區域。車
站附近的 Aleksanterinkatu、Mannerheimintie、Pohjoisesplanadi
街道，商店、百貨公司、精品店、餐廳、咖啡廳等林立聚集，
是購物逛街的熱門地點，漫步街道隨興邊走邊逛，或是瀏覽
商店櫥窗擺設，體驗北歐味的逛街樂趣，如走逛某大型百貨
公司，無意看到地下美食街的麥當勞，整體店面設計感十

▼岩石教堂空拍圖。

足，讓人不由得多看幾眼。

## 聖殿廣場教堂（Temppeliaukion kirkko）

　　俗稱岩石教堂（Rock Church），或坦佩利奧基奧教堂，是世界上唯一一座建在岩石中的教堂。教堂內有號稱北歐最大的管風琴，而圓形教堂的構造，可以產生環繞效果，收音效果佳，有些音樂家會選擇在此舉行音樂會。屬於赫爾辛基的一座路德派教堂，這一地區修建教堂的計劃，早在 1930 年代就已經開始，奈何二戰爆發後，計劃就此被迫中斷，最後終於在 1969 年 2 月正式完工。

　　教堂修建於一個巨大的岩石中，如果不是知道它是座教堂，可能會誤以為是塊岩石錯身而過。步入教堂，屋頂上設計的圓形玻璃天窗，光線透過玻璃天窗環繞照耀室內，帶來大片明亮，教堂牆壁可見原有的岩石樣貌，摸摸粗糙的岩石

門票：3 歐元，小孩免費
開放時間 10:00–18:00
交通：從中央車站步行約 20 分鐘。搭電車的話搭 2 號電車，
在 Sammonkatu 站下車步行 2 分鐘抵達。
地址：Lutherinkatu 3, 00100 Helsinki
www.facebook.com/pg/temppeliaukionkirkko

表面，感受教堂原有的自然樸質韻味。教堂的外牆就是岩石本身，因此音響效果極佳，經常在此舉辦音樂會。

現在的岩石教堂也成為赫爾辛基一處有名的觀光景點之一，每年有不少人造訪，2018年的訪客數量為85萬人次。

相較於歐洲很多教堂的古典、優美韻味，設計岩石教堂的建築師，不同於許多教堂的祭壇展現莊嚴神聖氣勢，依著所在位置住宅區內的岩石高地而建。以不損壞自然景觀的情況下，將岩石部分往下挖掘，也因此打造現代感十足的整體樣貌，

走進廳堂內，非常安靜，建議先坐在椅子上，欣賞岩石教堂的設計美感，靜心的感受幽靜的氛圍。祭壇設計為一座小小的十字架，宗教氣息略平淡，卻多了些許現代感，若不留意，很容易就被人忽略！

## 康皮禮拜堂

又稱靜默禮拜堂（芬蘭語 Kampin kappeli），位於人來人往、熱鬧繁忙的鬧區中，是2012年赫爾辛基世界設計之都的一大亮點。

在芬蘭赫爾辛基康皮區、納林卡廣場（Narinkkatori square）旁，這一處建築鬧中取靜，外形像一個卵形的結構，又有點像個巨大的木水桶，非常醒目、獨特的造型，十分現代感。

康皮禮拜堂，不舉辦教會儀式，只開放給想進來靜默的訪客使用，因此又稱為靜默教堂。位於納林卡廣場上，喜歡拍照的朋友們，建議下午進來，因為下午為順光，拍教堂全

景，特別有感覺。

　　木質建材的靜默教堂，隔絕城市喧囂，走進廳內、靜坐在木椅上。四下一片寂靜，只有聽見「安靜」的聲音，是那自己微微的心跳噗噗聲，相較先前外面熱鬧的走道，形成強烈的對比，是喧囂中的寧靜。

　　也許是工作歇息、也許是走累了、也許是心煩意亂，在靜謐的空間坐下來，放鬆自己，心靈像被洗滌過一樣，而後，帶著一股力量起身，重新出發。

▲康皮禮拜堂。

　　讓身心靈好好地休息片刻，心無雜念地沉靜片刻，靜默自我，享受喧囂城市中的寧靜吧！

門票：free
開放時間：週一至五 08:00~20:00、週六日 10:00~18:00。
交通：Lasipalatsi 站或從赫爾辛基中央車站徒步 350 公尺。
地址：Simonsgatan 7, Helsinki, Finland
E-mail：kampinkappeli@evl.fi

## 赫爾辛基大教堂（Tuomiokirkko）

車子來到一處廣場、下車後，會見到寬廣的參議院廣場（Senaatintori），廣場周邊圍繞有赫爾辛基大教堂、赫爾辛基大學、圖書館、首長官邸等數座主要建築，其中，赫爾辛基大教堂最受矚目，也是赫爾辛基的知名地標之一。

熙攘來往的人群齊聚此處，耳邊不時傳來人們的嬉笑及談話聲。廣場上矗立一尊高高的雕像，高聳身影在寬闊廣場甚為顯眼，那是沙皇亞歷山大二世，它的底部四面有不同的雕像，分別代表和平、科學、藝術與正義。

從廣場上要走上一排階梯，才能走到大教堂門口。赫爾辛基大教堂屬於路德派大教堂，外觀白色的教堂、高聳的綠色圓頂，典雅的新古典主義建築的教堂，在陽光照耀之下，更顯白淨、莊嚴。

俗稱白教堂的赫爾辛基大教堂（Helsinki Cathedral），是由德國籍建築大師 Carl Ludvig Engel 設計，在 1852 年落成，是芬蘭赫爾辛基最知名的地標。綠色圓頂白牆、希臘柯林斯式圓柱環繞、屋簷上有十二使徒像，是一座優雅、宏偉的新古典主義教堂。教堂聳立在廣場高處，站在教堂前階梯上俯視廣場，有居高臨下之感，也隱約感受俄國時代的帝國風格。

---

門票：免費
開放時間：09:00~18:00
地址：Unioninkatu 29, 00170 Helsinki

---

▲赫爾辛基大教堂外觀。

教堂內大門口內部上方的管風琴有百歲之齡,至今仍能使用。假日有音樂會表演。

## 東正教堂 烏斯佩基教堂（Uspenskin Katedraali）

坐落於卡達亞諾伽（Katajanokka）山丘上、可以俯瞰赫爾辛基市集廣場的烏斯佩斯基教堂,外部紅磚砌成、拜占庭風格的洋蔥頂,引人注目的 13 個金色洋蔥頭,代表基督和 12 門徒,在陽光、藍天襯托下,醒目耀眼,是俄國建築師葛魯諾斯太耶夫（Aleksey Gornostayev）在世最後的建築作品。

耗時 6 年，在 1868 年完成，是北歐目前最大的俄羅斯東正教堂。

佇立教堂外仰望其宏偉身影，恢宏氣勢不彰而顯。須排隊入內參觀，教堂正中央的聖龕，挑高的圓頂，相當特別，以藍底代表天空、繪有一顆顆金色星星，一組大型吊燈垂掛其中，看起來非常宏偉壯觀，壁面細膩的雕花，讓教堂更顯得莊嚴隆重。

畫作大多與宗教題材相關，瀏覽耶穌、聖母、聖者等的人物像，每一位聖像都畫得栩栩如生，尤其金光閃閃顯得極為華麗。除了，感受濃濃的宗教氣息之外，每幅畫像又似欣賞一幅藝術作品。

眾多東正教的信徒進入教堂內部之後，會找一個位置、靜靜地站在一旁，虔誠祈禱，非信徒的純粹觀光客，沈浸在這股神聖宗教氣氛之中，也不自覺地輕聲細語。

## 市集廣場（Market Square）

現今露天市場廣場，又稱卡烏帕多利廣場（Kauppatori）。地點在赫爾辛基歷史市中心的南端，赫爾辛基南港海灣的邊上。沿著廣場一路逛過去，盡是賣小吃、麵包、生鮮水果、

---

門票：免費
開放時間：週一至週五 09:30~16:00、週六 10:00~15:00、週日 12:00~15:00。
地址：Kanavakatu 1, 00160 Helsinki
交通：搭電車 4、4T 線於 Tove Janssonin p. 站下，或者從市集廣場徒步過去。教堂座落於小山丘上，可俯覽港口的風景。

---

鮮花、手工藝品以及各式熟食的攤販，儼然創意市集的概念。

在此，販售各種海鮮與雜貨，更可以品嚐芬蘭傳統口味，別處吃不到的馴鹿香腸、馴鹿肉丸，還有燒烤鯡魚、鮭魚等等當地美食。

早在 19 世紀初，這兒還是漁民碼頭邊上的泥地，這一帶的漁民捕獲上岸後，把船繫在碼頭上，做起賣魚的生意。至今還有些魚販，現今北愛斯普拉納地街北面，才開始有住宅區。

南面瀕臨波羅的海，北面為北愛斯普拉納地街，西邊為聯盟街（該街的另外一邊是愛斯普拉納地公園），在此東邊

▼人群在卡烏帕多利廣場購物。

▲卡烏帕多利廣場上的皇后之石紀念柱碑。

的總統府，屬於新古典主義帝政建築風格，總統府旁有總統
府碼頭（Linnanallas），卡塔亞諾卡運河河口上。

　　集市廣場的中心，有一高聳石碑，是赫爾辛基最老的
公共紀念碑，名為皇后石碑／皇后之石紀念柱碑（Czarina's
Stone/ The Stone of the Czarina/ Keisarinnankivi），赫爾辛基
最古老的公共紀念碑，建立於 1835 年，為了紀念俄皇尼古
拉一世與夫人亞歷山德拉皇后，在 1835 年首次造訪赫爾辛
基而豎立的，豎立的地點就是當年沙皇及皇后從輪船上登陸
的地方。方尖碑頂部有一個青銅地球，上面站著一隻俄羅斯
帝國的代碼：頭戴皇冠之雙頭鷹。地球和雙頭鷹是當時俄羅

斯帝國的象徵。

　　來到這兒，一定要提到卡爾‧路德維格‧恩格爾（Carl Ludvig Engel, 1778-1840）這位德國建築師，在 19 世紀上半葉開始，許多芬蘭公共建築都在他的規劃下完成，特別以新古典主義帝政風格而著稱，他的設計作品包括：環繞參議院廣場的建築，赫爾辛基主教座堂、政府宮、赫爾辛基市政廳、赫爾辛基大學的圖書館等等。

　　廣場另一邊則是赫爾辛基知名的「波羅的海女兒」雕像，哈維斯阿曼達（Havis Amanda Statue）這一座 5 米高的美人魚雕像噴水池，中央為青銅雕像人魚（Havis Amanda），在

這座人魚像的四周，圍繞著海獅銅像，從海平面浮現，設計頗為精巧，是由芬蘭雕塑家維萊瓦爾戈倫（Ville Vallgren）於 1906 年在法國巴黎創作完成的。

1908 年開始豎立在市集廣場旁之後，當時媒體戲稱此雕像為 Havis Amanda，自此之後當地居民就以此相稱，曾遭到許多保守人士批評，裸露的雕像不適合放在公共場所，又有一群人認為，把女體雕像高高豎立，是物化女性，那四隻伸著舌頭的海獅，看起來挺猥瑣的。

但瓦爾戈倫認為，此尊雕像是他向赫爾辛基高尚的女性致意之作品。沒想到喧騰一時的哈維斯阿曼達雕像，經過熱愛藝術人士的努力之下，日後「波羅的海的女兒」雕像，竟成為赫爾辛基的象徵。

廣場的西邊、靠近聯盟街和愛斯普拉納地公園，西起 Erottaja 廣場，東到赫爾辛基集市廣場，在北愛斯普拉納地街、亞歷山大街這一帶的大片綠地，一路上有時裝店、藝品店、古董店、畫廊等等，街道好逛、好走。

在卡佩利餐館（Kappeli）前的戶外舞台，會有現場音樂表演。街道公園內，矗立哈維斯‧阿曼達噴泉雕塑、芬蘭知名詩人約翰‧盧德維格‧魯內貝里的雕像。

再往前走就可走到由 Mannerheimintie（曼納海姆大街）、Aleksanterinkatu（亞歷山大大街）、Keskuskatu（中心大街）以及 Mikonkatu（米格街）組成的中心商業區更是雲集著眼花繚亂的手錶店、珠寶店、設計品店和紀念品店。

北歐最大的室內購物中心 ITIS（Itäkeskus），還有超過 150 年悠久歷史的連鎖百貨公司斯多克曼（Stockmann）。

在 Pohjoisesplanadi（北埃斯普拉納蒂大街）上還有為數眾多的名品專賣店，古典寬敞的櫥窗里陳列著各大品牌的當季新品。

在 Uudenmaankatu（烏登馬街）、Fredrikinkatu（弗雷德里京街）更有俗稱「設計區」的時裝店、古董店、畫廊、家居用品店，是追逐北歐時尚元素的觀光客，最常流連忘返之地。

琳琅滿目、設計感強、時髦、新穎，這些都是芬蘭赫爾辛基商場，給人充滿活力購物的新體驗，這些商業街上大部分商戶都是免稅！

若不介意走路逛大街，可以一路走到中央車站附近的商場，像是斯多克曼（STOCKMANN）百貨、嚕嚕米主題商店（MOOMIN SHOP）都在行走的路程中。矗立超過 150 年悠久歷史的芬蘭百貨斯多克曼。古典貴氣的裝潢，讓購物達人們絕對不會錯過。每年定期舉行的 Hullut Päivät（瘋狂日）更會燃起來到赫爾辛基購物的動力。

---

**芬蘭特產**

**魚餡餅：** 魚餡餅用魚作為原料，把一種在芬蘭東部湖區常見的白鱒魚，塞進餡餅裡，非常好吃。

**緋魚馬鈴薯：** 馬鈴薯配淡水湖魚和雞油菌醬汁，美味無比，讓人回味無窮！

**炒鹿肉：** 馴鹿生活在芬蘭北部的拉普蘭省，是最健康的食品之一。鹿肉富含維生素 B12，omega-3 和 omega-6，沒有脂肪，非常美味！

**烤香腸：** 芬蘭人最愛吃烤香腸，又大又肥的燒烤專用香腸，配上芥末醬和啤酒一起享用，真是棒極了！

西貝流士紀念碑
芬蘭國家歌劇院
芬蘭國家博物館
岩石教堂
赫爾辛基大學
赫爾辛基中央火車站
赫爾辛基大教堂
靜默教堂
赫爾辛基參議院廣場
Aleksanterinkatu
購物街
Karl Fazer Cafe
烏斯佩基教堂
Pohjoisesplanadi
購物街
Eurohostel
Skatuddens
碼頭
海鷗食堂

　　另外，位於曼納海姆大街 20 號上的嚕嚕米主題商店
（Moomin Shop），有著著全世界最豐富、最療育的系列產
品，天真可愛的嚕嚕米一族，真是讓人愛不釋手。

1950 年代的嚕嚕米玩偶。來源：
Helsingin kaupunginmuseo。

# 諾貝爾獎之國　瑞典

　　若是在瑞典待上幾天，常常會在街上聽到 Lagom（音似：拉拱）這個字。其實，Lagom 是一個很特別的單字，意思有：不多不少、剛剛好之意。用在人的身上，是指不內向害羞，不過度彰顯自己，一種內斂、中庸性格的人。

　　Lagom 這個瑞典單字，最能代表瑞典人，一般瑞典人都具有拘謹有禮的性格。

　　當我們一提到瑞典，除了宜家（IKEA）、H&M、Volvo 之類的品牌，瑞典還有不少優質的設計。走在瑞典各個城市的街頭，從圖書館、餐廳、飯店、咖啡廳，以及櫥窗、裝潢到桌上的擺飾品，即使是一小扇門上的小掛鉤，都能感受北

Lagom 不多不少、剛剛好
內斂、中庸、拘謹有禮
就像典型瑞典的性格

▲馬爾默廣場。

國極簡的美感和巧思。

地處北歐的瑞典，屬於南北狹長之地貌，溫帶海洋性氣候，全年濕潤，夏季氣溫不高，全境晝長夜短，也因為如此，瑞典人熱衷於登山、徒步、滑雪、帆船等等戶外活動。

這裡的人民喜愛與自然共存、共舞，不管是在美麗的文島騎車、或是在南部沙灘撿拾琥珀、還是在西海岸群島出海捕撈等等活動，都會看到人的身影，當然也有不少其他國家的旅行客，特別是愛好戶外活動的人趁著夏天，到瑞典的中部、南部地區參加避暑的戶外活動。

冬天來到瑞典可以充分體驗到黑夜籠罩大地的感覺，最南部的馬爾默下午 3 到 4 點日落，北極圈內的基律納則只在正午有短暫的昏暗日光。

瑞典的北部更適合秋冬季前往，在基律納的白色原野、或阿比斯庫的托訥湖岸，北極圈附近氣溫可達零下 30-40 度之間，但一般旅遊區的室內供暖系統都非常完善。每年十一月至隔年三月邂逅神祕的極光，有無數旅人在夜裡舉目穹頂，等待極光降臨，旅人企盼一睹難忘夜空中絢麗的奇景。

## 斯德哥爾摩症候群、諾貝爾、ABBA

位於瑞典的東海岸，被稱為「世界最美的首都」斯德哥爾摩，從 13 世紀起，斯德哥爾摩就已經成為瑞典的政治、文化、經濟和交通中心，由於斯德哥爾摩這座城，未受戰爭的破壞，建築保存良好，共有大大小小近百座博物館。

然而，還沒到過斯德哥爾摩以前，就曾聽過所謂「斯德哥爾摩症候群」，這個症狀真的與斯德哥爾摩這個城市有關嗎？

斯德哥爾摩一景。

這種症狀還真的是因為在斯德哥爾摩發現，因此得名。又稱為「人質情節」，指的是犯罪的被害者對於犯罪者產生情感，甚至反過來幫助犯罪者的一種情結。

是發生在 1973 年，兩名有前科的罪犯 Jan-Erik Olsson 與 Clark Olofsson，某日搶劫瑞典首都斯德哥爾摩市最大的一家銀行，挾持四位銀行職員，警方與歹徒僵持達六天之久，在這期間他們威脅受俘者的性命，但有時也表現出仁慈的一面。在出人意料的心理錯綜轉變下，這四名人質抗拒政府、拒絕在法院指控這些綁匪，甚至還為他們籌措法律辯護的資金。

其中一名女職員 Christian 竟然愛上劫匪 Olofsson，並在服刑期間訂婚。被害人對加害人產生好感、依賴，甚至協助加害人，這種「斯德哥爾摩症候群」真是讓人匪夷所思。

除此之外，到斯德哥爾摩總讓我想起全球知名人士諾貝爾（Alfred Bernhard Nobel）、ABBA（阿巴合唱團）。特別在每年 12 月諾貝爾逝世紀念日，全球各媒體總會聚集在斯德哥爾摩音樂廳（Konserthuset）報導頒獎典禮，瑞典國王親自把諾貝爾獎與贈與授獎者，並在市政廳舉行晚宴。

說起這座全世界知名獎項，一定要提到瑞典的化學家諾貝爾（Alfred Nobel, 1833- 1896），在 19 世紀末期改良矽藻土，研發成更有破壞力的炸藥，設立許多工廠生產，因著販賣軍火，累積了驚人的財富。

一生主張和平的諾貝爾，卻對於自己改良的炸藥，作為破壞及戰爭用途，始終感到痛心。晚年，立下遺囑：「請將我的財產變做基金，每年用這個基金的利息作為獎金，獎勵那些在前一年為人類做出卓越貢獻的人。」

諾貝爾肖像。

　　辭世之後，後人遵照其遺囑，自 1901 年開始，一年
度的諾貝爾獎就此頒發，在物理、化學、醫學、文學、和平
領域，表現優異的人士，1968 年瑞典中央銀行為紀念諾貝
爾，新增經濟學獎，共六個獎項。至今諾貝爾獎仍是一年一
次，國際間很重要的活動。

　　除此之外，在上世紀、我國中的時候，就開始在收
音機收聽 ABBA 的歌曲：〈Dancing Queen〉、〈Mamma
Mia〉、〈Money Money Money〉、〈S.O.S.〉等等膾炙人
口的創作，這些歌曲至今仍不時在各電台播放著，更有人將
其歌曲串成舞台劇、電影《媽媽咪呀》（Mamma Mia）。在
2018 年更拍出第 2 集，here I go again，可說一路陪著全球歌
迷成長，ABBA 可以說是瑞典國寶級人物。

所以，來到斯德哥爾摩就希望參觀諾貝爾、ABBA 的相關博物館，還可以走逛：斯德哥爾摩市政廳、斯德哥爾摩古城區，盡覽舊城皇宮外景，或進斯德哥爾摩王宮、斯德哥爾摩大教堂、騎士島、瓦薩戰艦博物館，到皇后街血拚一番。

## 「世界最美的首都」斯德哥爾摩（Stockholm）

　　瑞典的政治、文化、經濟和交通中心斯德哥爾摩，位於瑞典的東海岸，瀕波羅的海，梅拉倫湖入海處，風景秀麗。瑞典王國政府、國會以及瑞典王室的官方宮殿都設在斯德哥爾摩。

　　整個斯德哥爾摩市區，跨越十四個島嶼，水陸相繞，其中以：國王島（Kungsholmen）、騎士島（Riddarholmen）、船島（Skeppsholmen）、動物園島（Djurgården）等最為熱門。

　　從北歐各國來到斯德哥爾摩，無論以地面上的汽車、海上的輪船、空中的飛機，各類交通工具往來，使這個城市增添多樣的魅力，建議搭一趟地下鐵，體驗穿梭在世界上最美的地鐵站的感覺。

　　這座優美城市的老城區，金碧輝煌的宮殿，氣勢不凡的教堂，尖塔聳立在中世紀的街道中；相對的新城區，則是高樓林立，街道整齊，蒼翠的樹木與粼粼的波光交相映襯。

　　個人有一次來到斯德哥爾摩，就先到斯德哥爾摩旅遊中心，拿取一份市區地圖，翻開整張地圖，在地圖上找出 Gamla stan，即英文 Old Town 之意，就是斯德哥爾摩老城區所在。

　　身為電影迷、還是小說迷的身分，我先搭乘地鐵、從 Slussen 地鐵站上來，先來到有瑞典千禧三部曲《龍紋身的

女孩》中，常常出現的場景，這兒離「老城」觀光區不遠。

在地鐵站的對面，有一攤橘色的魚形招牌，上面寫着 Nystekt Strömming，這就是傳說中口味獨特的魚排漢堡攤位，Nystekt Strömming 是一道瑞典常民食物「現炸的鯡魚排」，鯡魚排可搭配漢堡、吐司、厚的餅乾來吃。

鹽醃鯡魚在當地多搭配麵包或脆餅食用。在瑞典北部會將鹽醃鯡魚片、瑞典薄麵包（Tunnbröd）、奶油及熟番茄片作成三明治，搭配紅酒或啤酒來吃。瑞典南部一帶，則用洋蔥粒、酸奶油、蒔蘿等食材，來調味料理。

在此攤上，先嚐一口瑞典人每日必吃的鯡魚排漢堡，再開始走逛這個城市。在往右走到一家叫做 KAFFE 的咖啡館，那就是電影一開場劇中男主角布隆維斯特 Mikael Blomkvist 受到陷害、被判刑後，回雜誌社前的那家咖啡廳。他背對著吧台，聽到吧台附近兩台電視播著官司判決的新聞，心中十分煩悶。

老城區（Gamla stan）建於 1252 年，距今有 7 百多年的歷史，是歐洲著名的中世紀城區。200 年來無戰事發生，老城保存完好。漫步在鵝卵石的街道、長長的巷弄，何妨就讓時間靜止，以走入童話故事的心情，感受中古世紀的城市風味。

除了瞪大眼睛走逛歷史古屋之外，巷弄還有許多咖啡館、餐廳和手工藝品店，你可以挑選看得順眼的店家，歇歇腳、入內參觀。

老城區內有斯德哥爾摩大教堂、騎士教堂（Sweden's national cathedral & Stockholm Cathedral）以及諾貝爾博物館（Nobelmuseet）和皇宮。

Stortorget 在瑞典文就是「大廣場」的意思，是斯德哥爾歷史悠久的老城內的大型開放式廣場，800 年來，一直是斯德哥爾摩人一個主要的聚集地點。大廣場是島上的最高點，中世紀時為一個市集的所在地，目前四週一排排高聳的古屋，已成為各式咖啡廳和禮品店。

大廣場看似遊人如織，卻是瑞典歷史上殘酷的砍頭事件發生地，這事件就是斯德哥爾摩慘案（Stockholm Bloodbath）；在這裡，曾有 82 名瑞典貴族被丹麥國王克里斯蒂安二世（Danish king Kristian II）下令斬殺。

在廣場上的建築中，有一處新古典式的斯德哥爾摩證券交易所大樓（Börshuset）亦不容錯過，他的前身為瑞典聯交所（Swedish Stock Exchange），現在則成為諾貝爾博物館（Nobelmuseet= Nobel Museum）。每年諾貝爾文學獎就是在此宣布。

這棟建物建於 2001 年，是為了紀念創始人諾貝爾，宣揚諾貝爾理念與價值觀所設立。博物館內有歷屆獲獎者生平介紹、歷史回顧、諾貝爾獎介紹以及諾貝爾本人在科學、教育、文化等方面生平事蹟。館內設有展覽、電影院、劇院和科學辯論，還有書籍及紀念品商店和咖啡店。

你可以在此嚐到一份冰淇淋，這是諾貝爾獎得主，在頒

**諾貝爾博物館**
門票：成人 120 克朗、兒童（18 歲以下）免費、學生 80 克朗、團體（最少 15 人）
100 克朗、週二晚上 17:00-20:00 免費入場
開放時間：09:00–20:00
景點位置：Nobelmuseet, Stortorget 2, Gamla Stan, Box 2245, 103 16 Stockholm

◀諾貝爾博物館。

▶瑞典皇宮內部。

獎晚宴上享受到的特色冰淇淋。雖未能來此領獎,但是既然來了,何妨先體驗一下,諾貝爾獎得主才能品嚐的冰淇淋!

**瑞典皇宮 Kungliga slotted(The Royal Palace)**,地圖上依舊是用瑞典文寫著 Kungliga slottet,始於中世紀,最早是一座軍事堡壘,至17世紀末期逐步改造、擴建,才成為今日的瑞典皇宮。

瑞典皇宮有四個立面,各具特色。面向外庭院的西立面是國王的立面,布置呈現較為剛陽、富麗的風格。東立面是王后的立面,整個以多條巨大壁柱裝置。南立面代表民族,設計深受巴洛克風格影響,內有國家大廳(Rikssalen)和王宮教堂。北立面對著北橋和古斯塔夫·阿道夫廣場,代表所有王室成員,內有面向北方的國王和王后房間。

除了用作王室居所的樓層外,皇宮其餘部份還有其他用途,如古斯塔夫三世文物館(Gustav III:s antikmuseum)、寶藏展覽廳(Skattkammaren)、軍械展覽廳(Livrustkammaren)

斯德哥爾摩大教堂。

和位於地底的三王宮博物館（Museum Tre Kronor）。

　　購買皇宮門票之後，就可入內依序參觀皇宮各廳堂，還有皇室的金庫，皇宮博物館，以及古斯塔夫三世的古物館。

　　雖然現今瑞典王室已經搬至郊外的皇后島宮居住，但老城內的瑞典皇宮，仍是瑞典國王的官方居所。

在瑞典皇宮旁邊的**斯德哥爾摩大教堂**（**Aziz Nikolaos Kilisesi**），是老城歷史最悠久的教堂，亦是舉辦皇族婚禮及加冕禮的熱門地點。

1279 年落成後，一直是老城區王公貴族、平民百姓做禮拜的場所，哥德式拱頂是大教堂的特色，必屬一大注目焦點。另外，廳內的聖喬治屠龍（St. George and the Dragon）木雕，也是此堂的特色之一，高 11 呎、雕功細膩，常引起入內參觀者的目光，這尊木雕像是為了紀念瑞典在貝藍克柏之戰（Battle of Brunkeberg）中戰勝丹麥。

由老城一路走下去，可以延伸到另一頭的購物街，這是一條通往市中心的大馬路，兩旁仍然布滿商店、特色小店、餐廳、咖啡廳等，走累了、逛累了，不妨選一間咖啡廳，喝一杯咖啡提神。

再走下去可以到達皇后大街，這是斯德哥爾摩新城區最著名的一條商業步行街，許多大商店都聚集於此。大街建成於 17 世紀，最早名為「國王大街」，後更名為「皇后大街」意在向克里斯蒂娜女王致敬（在位年間為 1632-1654）。

兩邊臨河畔的**斯德哥爾摩市政廳**（**Stockholm Stadhuset**）位於市中心西邊的國王島上，是一座紅色磚瓦塔樓，也是斯德哥爾摩的地標性建築。這是由建築師 Ragnar Ostberg 在 1911-1923 年間建造的。

---

老城區交通

巴士：2/43/55/76 線，Slottsbacken 站
地鐵：綠線 / 紅線，Gamla Stan 站

---

當年外牆共用 800 萬塊紅磚和 1900 萬塊馬賽克瓷磚打造而成，規模堪稱壯觀。金色大廳牆面由小塊玻璃拼成的馬賽克畫，其中的藍廳是市政廳最大的廳堂，也是舉行諾貝爾獎晚宴的地方。

雖然叫做藍廳，但其實它是紅色的，因為在原來的設計圖中這裡是鋪上藍色馬賽克的，但是在紅磚砌成以後，建築師覺得紅磚所帶來的典雅美感更適合市政廳的形象，所以就沒有再貼藍色瓷磚。由於在建築過程中已經習慣稱呼它為藍廳，於是「藍廳」這個名字就被沿用下來。

登上市政廳的塔樓，可以將斯德哥爾摩全景盡收眼底，不過入內必須要由專人帶領才能入內參觀。

## 瓦薩沉船軍艦　如鐵達尼號

瓦薩沉船博物館（Vasa Museum）位於動物園島上，主要展示沉船瓦薩號，目前世界上唯一保存最完整的 17 世紀戰艦，也是斯堪地那維亞地區最受歡迎的博物館之一。

以艦船本身的布局來設計整座博物館，一走進博物館內，即可看到艦船底層的內部設施。為了便於一覽這艘瓦薩艦，我們沿船體四角雙層看台，先爬上四樓，可以完整看見整艘船全貌。再依序走下一層一層樓，將船上的景物、高台走廊、支撐船體的桅桿、工作人員、士兵一覽無餘。

---

交通：乘坐地鐵藍線 Rådhuset 站。
門票：11 月至次年 3 月，成人 70 克朗；4 月至 10 月，成人 100 克朗。
開放時間：必須在講解員帶領下參觀，旺季時是有中文講解團。

---

斯德哥爾摩市政廳

◀沉船瓦薩號。

　　這艘瓦薩軍艦共有 5 層甲板，64 門大炮，船尾龍骨將近
20 米高，分 50 多層，可以想見當年出海時金碧輝煌，軍人
們英姿勃發的榮景。

　　瓦薩被譽為「世間最豪華的戰艦」，是當年為了防禦鄰
國的侵襲，由瑞典國王古斯塔夫二世（Gustv Adolf II）下令
建造的。這艘戰艦本來是單層炮艦，可是當國王得知瑞典的

---

交通：有軌電車 7 路到 Nordiska museet / Vasamuseet 站下；公交車
69 路到 Djurgårdsbron 站下。
門票：成人 130 瑞典克朗；9 月至次年 5 月 17:00 以後入場 100 克朗。

海上強敵丹麥已擁有雙層炮艦，便不顧瑞典技術條件的限制，下令將其改成雙層。

1628年春天完工後，8月進行首航，卻在首航遇上大風浪而翻覆，因船的重量過重而加速沉沒，就像小說的情節一樣，這艘載著皇家的榮耀與希望的戰艦，在海底沉睡三百多年，直到1961年瑞典當局才下令打撈。

館內所有珍藏品，都是從海底打撈上來，雖然航行很短，因其呈現17世紀瑞典人造船的技術與藝術，尤其船上的木雕功力，至今仍堪稱一絕，瑞典人仍視其為國寶。

瑞典人面對先人曾遭遇的歷史傷痛，逐漸減少海上征戰，在數百年之後的世界大戰中缺席，持守和平中立，與沈船歷史事件有關。

---

**瑞典特產**

**醃製鯡魚：**醃製鯡魚有很多種口味，芥末、香蔥、蒜香、蒔蘿，通常搭配著煮熟的馬鈴薯、酸奶油、香蔥末、堅硬辛辣的奶醬，煮雞蛋、瑞典脆麵包一起吃。

**豌豆湯、薄煎餅：**瑞典的部分傳統午餐餐廳，都會在週四供應豌豆湯和搭配越橘醬或其他果醬的薄煎餅。

**瑞典脆麵包：**脆的麵包是瑞典人最喜愛的食物之一，上面可以搭配各種食物。早餐，可用雞蛋切片或軟管中擠出的魚子醬。午餐，可用火腿、奶酪和黃瓜片。晚餐，可用抹上奶油、鮮奶油。

**蝦肉三明治：**蝦肉三明治是一道瑞典國王的禦膳食物。這種海鮮小吃，上面可疊著很多層，上面放著煮雞蛋切片、生菜、番茄和黃瓜，通常還會淋上奶油口味的魚子醬「Romsås」，有蒔蘿和魚子的鮮奶油，非常好吃。

> 「每個人都有屬於自己的一片森林，也許我們從來不曾去過，但它一直在那裡，總會在那裡。迷失的人迷失了，相逢的人會再相逢。」──村上春樹《挪威森林》

# 峽灣之國　挪威

　　挪威，位於北歐，斯堪地那維亞山脈縱貫全境。東鄰瑞典，東北與芬蘭和俄羅斯接壤，南有丹麥隔海相望，西瀕挪威海。海岸線非常曲折，長 2.1 萬公里，多天然良港，南部小丘、湖泊、沼澤廣布。

　　挪威的人均壽命在 80 歲左右，能夠維持如此高的人均壽命，除了這個國家有良好的自然環境之外，全民運動文化也扮演著重要的角色。在挪威從早到晚，到處可以看到男男女女身穿輕便服裝，在戶外跑步。

　　挪威的高原、山地、冰川，約占全境的 2 / 3 以上，特別是挪威峽灣，在挪威首都奧斯陸（Oslo）和卑爾根

▲蓋倫格峽灣（Geirangerfjord）。

（Bergen）之間，其中以松恩峽灣（Sognefjord）、哈丹格峽灣（Hardangerfjord）、蓋倫格峽灣（Geirangerfjord）、莉絲峽灣（Lysefjord）和北峽灣（Nordfjord）等五大峽灣最為有名。

挪威也因峽灣地形，吸引來自世界各國、喜愛欣賞自然景觀的旅人，不遠千里至此攬勝。天氣好的時候，往郊區的路上，會瞧見結伴爬山的旅人，甚至冬天下雪時，與不少滑雪的挪威人同住山中滑雪的旅店。這幾年冬季奧運會，挪威的表現不俗，可能和他們全民瘋運動的文化有關聯！

到過不同的國家，深覺挪威人是最熱愛運動的一個民族。

## 挪威很重視的憲法日

若是在五月中到挪威旅行，你會遇到挪威的國慶日，又稱做憲法日，5月17日！平時人煙稀少的街道上，在國慶日這一天，突然熱鬧起來，家家戶戶的陽台及窗戶上，都會掛起一面面紅底、鑲著白邊的藍十字挪威國旗。

從學校到企業，各行各業的人們都會組織一支隊伍，在街上歡樂地遊行。許多挪威人會穿上傳統服飾（bunad），在胸間戴上國慶日徽章。傳統女裝大多是白色長袖襯衫和各種顏色的揹帶長裙組成，裙子上有手工縫製的美麗圖案，有

著各式各樣精美銀飾的服裝配套，連腰間繫著寬的腰帶，或是披上一條彩色格子圖案的大披肩或斗篷；男士們大多頭戴禮帽，身穿各色禮服，褲子是過膝的七分褲，腳上穿著白色的長襪及黑色或深色的皮鞋。有的人還會戴著相同色彩的民族小帽，看起來五顏六色、絢麗多彩。

在挪威首都奧斯陸，挪威皇室家族會在皇家宮殿的陽台向群眾招手問好。這個傳統已經延續了很多年，成為挪威國慶的亮點。所有的遊行隊伍都必須徒步走過皇室宮殿，隊伍才可以解散。

有些老一輩的挪威人會舉辦「香檳早餐」，特別會吃上好幾球的冰淇淋，這樣才算過了一個真正屬於挪威的國慶日。在這全國人口只有 500 萬的國家，如此盛大地慶祝國慶日，代表著挪威人深厚的愛國之情。

歷史上，挪威擺脫丹麥 400 年的統治之後，民族意識空前高漲，卻又被迫與瑞典「結盟」。當時的挪威人對這種狀況非常不滿，憲法日的慶祝活動，是表示民族團結和獨立意志的一種方式。1814 年挪威獲得獨立、自主的權力，這 2 百多年來，全挪威人每年都會舉行隆重的活動，來慶祝挪威得來不易的獨立歷史。

同時，經過漫長的嚴冬後，5 月份正是挪威春暖花開的時期，適合戶外活動，也算是挪威人歡度國慶的重要原因。

## 奧斯陸城市（Oslo）「上帝的山谷」

奧斯陸（Oslo）是歐洲重要的航海工業和航海貿易中心，是許多航運企業總部的所在地，其中包括一些世界級的航運

公司、船舶經紀人和海上保險經紀人，也是歐洲理事會，歐洲聯盟委員會跨文化的試點城市。

奧斯陸是 14 世紀挪威受到黑死病影響最嚴重的地區，在 15 和 16 世紀其人口和經濟受此影響，更加衰退。1624 年，奧斯陸發生一場大火，這城幾乎被摧毀，災後，在丹麥國王克里斯蒂安四世統治期間，城區被遷移到更靠近阿克斯胡斯城堡的地方建立，並以國王的名字命名為克里斯蒂安尼亞（Christiania）。

1838 年 1 月 1 日，克里斯蒂安尼亞成為挪威重要發展的一個市鎮。克里斯蒂安四世親手規劃建造克里斯蒂安尼亞（Christiania），這個城市被棱堡和阿克斯胡斯城堡環繞。由於受到文藝復興思潮的影響，他加強了防火規範及防禦工事，城市內的街道寬闊、筆直，使得街道景觀看起來很典雅，又具防火功能。

在 17 和 18 世紀的幾次大火中，老式的木造結構房屋受到嚴重的損害，他更下令所有貴族和富有居民必須用磚牆建房屋，城市外圍建造起新的奧斯陸主教座堂，奧斯陸廣場上的集市搬遷到鄰近主教座堂的地方，即現在的 Stortorvet，郊區的房屋開始向北方擴展。

在 1814 至 1905 年的瑞典挪威聯盟時期，克里斯蒂安尼亞行使挪威首都的功能，隨著航運貿易的蓬勃發展，克里斯蒂安尼亞的經濟狀況逐漸好轉，城市人口也開始接近丹麥與挪威合併前夕的規模。

儘管在 19 世紀以前，克里斯蒂安尼亞在歐洲範圍內只是一座小城市，但從第二次工業革命之後，這座城市開始高速發展。

▲奧斯陸街景。

　　克里斯蒂安尼亞相互止交的街道網絡成為挪威街區
（Kvartal）　詞的來源，被堡壘環繞的克里斯蒂安尼亞也
因此而被成為 quarters。直到 1900 年被改為一個專有名詞
Kvadraturen，克里斯蒂安尼亞成為一個發達的工業中心，有
近 25 萬名居民。1925 年，克里斯蒂安尼亞改名為奧斯陸。

　　奧斯陸這座城市臨近曲折、迂迴的奧斯陸灣，背倚聳立
的霍爾門科倫山，蒼山、綠海戶相輝映，既有海濱都市的旖
旎風光，又富於高山密林的雄渾氣勢。

　　南向有奧斯陸峽灣，曾遠處眺望奧斯陸被茂盛的山脈所包
圍，挪威語有山麓平原的意思，被稱為「上帝的山谷」，用山
麓平原來描述這個城市最為貼切，也是對它最崇高的讚美。

　　在這個「山谷」中，隨處可見精緻而充滿藝術感的雕塑

群，它們是「山谷」的靈魂。

## 維格蘭雕塑公園　展現人生百態

來到挪威奧斯陸可先從城的西北郊區，占地 80 公頃的維格蘭雕塑公園開始，是北歐最有特色的公園，也是世界最大的雕塑公園。

一起探索奧斯陸，一處充滿生命意義的公園，由挪威著名雕塑家古斯塔夫維格蘭（Gustav Vigeland, 1875-1948）一生最得意之作。農家出身的維格蘭，從小對藝術有濃厚的興趣，童年時代便在繪畫和木刻上展現出驚人的天賦。

維格蘭雕塑公園的主題是「生命」，用無生命的雕塑，去詮釋生生世世的人生。從生命之橋、生命之水，再到生命之柱、生命之環，無一不是雕塑鮮活化的代表，人的喜怒哀樂，不同年齡的狀態特徵，皆被這些雕塑完美演繹。

園內繁花綠茵，小溪淙淙，到處都矗立著由銅、鐵和花崗石製成的雕像，獨特造型、婀娜多姿，大大小小共有 192 座雕像、650 個浮雕人物，是維格蘭花費 20 多年心血的結晶。

在維格蘭公園內，我發現一個很有趣的現象。好幾次接近午餐時間，看到三三兩兩來此野餐的挪威人，他們準備好野餐盒，裡面放著幾片麵包。麵包間夾著乳酪、肉片、黃瓜或切片的番茄。這種有點像三明治的食物，挪威人叫做「食物包」（挪威語：matpakke)。

---

地址： Nobels gate 32，0268 Oslo，Norway
交通：乘坐地鐵在 Majorstus 站下車。

---

▲奧斯陸的維格蘭雕塑公園。

　　據說，早年挪威經濟不發達，外出工作的挪威人，早上從家中做好這種類似三明治的簡易冷食，冷冷又乾乾的麵包片，有時還會加上美乃滋，作為中午果腹的餐食。在公園內野餐，邊吃邊欣賞多而不亂的雕像，還真有另一種風情。

　　進入維格蘭雕塑公園，首先在右邊樹林下，見到維格蘭的雕像，走過一排一排綠林，再往前走便是生命之橋。橋上的青銅雕塑演盡人生百態，男女老少，各有神態，簡直栩栩如生。

　　走過生命之橋，生命之水可見，噴水池內的巨大銅盤。精心雕刻的樹木，花崗岩拼成的趣味迷宮，所有的景緻，都與生命息息相關。噴泉池旁的浮雕，從人們出生，經歷童年、少年、青年、壯年、老年，再到最終的死亡，一一刻畫，將人的一生盡數展現在這浮雕之上。

　　四周的雕塑，有天真爛漫的兒童，熱情奔放的青年，勞碌艱苦的壯年，還有垂垂老矣的老年，四幅人生畫面交織反射我們每個人的生命旅程。

　　噴水池後，要走上一排階梯到小山丘上，一定會看到一

座 17 米高的生命之柱，矗立在眼前，生命之柱下有 121 個不同姿態的裸體人物，交織在一起，像是不滿人間生活，想要極力攀登天堂。

公園最高處的正中央，便是生命之環，環形人體雕塑，象徵著人生旅程的完結，同時，又像是循環的生命輪迴，生生不息。

在眾多的雕塑作品之中，其中一座最受國外觀光客歡迎的雕塑，是一尊名為憤怒的小孩（Sinnataggen）。其實，在橋墩上有四個喜、怒、哀、樂的男嬰像，其中一個臉部很生氣，跺起一隻腳。很多到此造訪的觀光客看到這尊像，必定會心一笑，而且馬上拍照留念。這座雕塑已成為奧斯陸的印記之一，非常有名。

## 奧斯陸市政廳

奧斯陸市政廳的大廳，是每年「諾貝爾和平獎」的頒獎典禮舉行地。

一般諾貝爾獎都在瑞典的斯德哥爾摩頒贈，只有「諾貝爾和平獎」是遵照諾貝爾生前的遺囑，特地選在挪威奧斯陸頒發。諾貝爾獎項會在每年的 10 月公布，並在 12 月 10 日諾貝爾先生逝世當天舉行頒獎典禮。

奧斯陸市政廳立於 1950 年，為慶祝奧斯陸建城 900 年而設。從外觀上看去，像是一座辦公大樓。有著紅褐色的外牆，在 2005 年，奧斯陸市政廳還被選為奧斯陸的世紀建築。

市政廳的周圍有些雕塑，可以好好欣賞，進到屋內左右兩邊的長廊還有巨型彩色壁畫，前後牆壁上也有畫作，一路

地址：Rådhusplassen 1，0037 Oslo，Norway
交通：搭乘 12 路有軌電車於 Rådhusplassen 或 Aker Brygge 站下車，
步行可到。
開放時間：六月 - 八月，週一至五 8:00 ～ 20:00 ／週日 9:00 ～
18:00 ／其餘月份：週一至日 9:00 ～ 18:00（如遇重大活動則不開放）
官網： www.visitoslo.com（Oslo City Hall）

看下去，可以了解奧斯陸的發展。大廳左側，有一條很長、
很柔軟的沙發，走累了，靜謐的氣氛下，可以稍微休息。往
右上樓梯走上去，收藏著所有與諾貝爾和平獎有關的東西。

## 阿克什胡斯城堡

走過奧斯陸繁華的現代街道後，來到奧斯陸港口邊，
穿過一道城牆，進入大門之後，就來到阿克什胡斯城堡
（Akershus Castle）。城堡占地面積很大，要先爬一段斜坡，
見到幾個砲台，站在高處可以俯瞰奧斯陸市政廳，遙望奧斯
陸峽灣，景色十分優美。

建於 13 世紀末的阿克什胡斯城堡，距今已有 700 多年
的歷史，保留中世紀的原貌，是中世紀最具代表性的文藝復
興風格建築。

曾經是一所監獄，後來又成為皇宮行宮的一部分，是舉
足輕重的軍事要塞。飽經滄桑，可以慢慢參觀，感受奧斯陸
的歷史。

地址：Akershus Festning，0015 Oslo，Norway。
交通：搭乘 12 路有軌電車於 Christiania torv 站下車。

▲峽灣風景。

▲建立於 13 世紀的阿克什胡斯城堡。

　　說起阿克什胡斯城堡的歷史，可以追溯到公元 1299 年。
當時的國王 Hakon 下令建造阿克什胡斯來抵禦外敵。在城堡
剛建成不久、瑞典便向挪威發動攻擊，阿克什胡斯城堡不負
眾望抵禦外敵，成功抵擋瑞典士兵入侵，成為挪威史上堅不
可摧的一段歷史。

　　來到這裡也會有想不到的驚喜，若時間允許，在夕陽時
分，奧斯陸高處僻靜、靠海的所在，海風拂面，看著天邊的
晚霞逐漸染紅海岸，伴隨著夜幕降臨，點亮對岸城市的燈
火，感受一次與大自然作息，這才叫做悠閒的生活。

　　才理解為何挪威奧斯陸人的生活如此幸福！

## 我在挪威峽灣的冰雪奇緣

2013 年迪士尼動畫《冰雪奇緣》（*Frozen*）風靡全球，劇中會施魔法的公主艾莎，成為當時女孩們爭相模仿的對象，睽違 6 年之後，《冰雪奇緣 2》再度問世，故事發生在北國冰雪森林中，公主艾莎面對困難、勇敢找到生命難解的答案，成為經典。

據說為了讓電影中的森林更加栩栩如生，劇組相關人員在構思故事之前，已前往挪威、芬蘭等國，展開取材之旅。影片中呈現四季分明的景象：春天，百花齊放；夏天，河水潺潺；秋天，金黃色彩、壯闊的山川景色；寒冬中，白雪靄靄之境，都在電影中完美呈現。

當你去過北歐之後，看到峽灣、冰河、雪景等美景之後，更能感受《冰雪奇緣》劇中的場景，特別是湖邊旁、高山上一棟一棟的小木屋。住在峽灣雪地裡，還會想起《冰雪奇緣》裡的人物：艾莎、安娜，男子阿克（Kristoff），他的馴鹿小斯（Sven），及熱愛夏天的雪人雪寶（Olaf）。

特別是劇中的雪寶，天真、開朗的個性總讓人一見就喜愛，他卻期待迎接夏日的暖風與驕陽。雪寶是主角艾莎在雪地意外創造而成，雪寶是史上最友好的雪人。

挪威素有「峽灣之國」的美稱，峽灣是挪威最具代表性的自然景觀，也是吸引世界各地遊客紛至沓來的根源，只有在親自欣賞挪威西海岸連綿不絕的曲折峽灣、冰河遺蹟的風光之後，才能感受到這個神奇國度最動人的魅力。

挪威峽灣形成於冰川時期，由於冰川的侵蝕作用，在陡峭的山谷和崖壁之間形成了很多「U」和「V」字型的山谷，海水流入這些海灣之後，就形成如今我們看到的峽灣風光。

我踏著追尋魔法森林的心情，走上北歐的行程，看不厭的大山大水壯麗景緻，聽著冰河流水緩慢的聲音，在剛進下榻飯店的門口，巧遇一場雪。剎那間，攤開雙手迎接飄飄的雪花，在四處盡是雪片紛飛之中，彷彿經歷屬於我自己的《冰雪奇緣》，似乎看見劇中艾莎和安娜的一場冒險，帶著雪寶和麋鹿小斯，踏進眼前白茫茫、銀花花的北國奇遇。

電影帶來童話般的感覺，旅行卻能帶來意想不到的情境。在北歐親眼目睹一片片雪花飄落，一場風花雪月的景緻，成為一趟北歐旅行，絕美、驚奇的冰雪奇緣！

在挪威的峽灣中，特別是在挪威首都奧斯陸（Oslo）和

▲松恩峽灣。

卑爾根（Bergen）二大城之間的峽灣最為知名，其中，名聲最大、最有特色的莫過於四大峽灣，依序為：松恩峽灣（Sognefjord）、哈丹格峽灣（Hardangerfjord）、蓋倫格峽灣（Geirangerfjord）、莉絲峽灣（Lysefjord）。

其中，松恩峽灣是挪威最長、最深的峽灣，被稱為「峽灣之王」，也被譽為世界上最美的旅遊景點之一，2005 年被列為聯合國教科文組織的世界遺產。而到這樣的絕美地帶，只要事先預訂「挪威縮影」（Norway in a nutshell）的交通券，就能幫你安排好所有的輪船與火車交通，還有 6 種路線與價格供你選擇，是再方便不過的一種旅遊方式。

哈丹格峽灣是挪威第二長的峽灣，也是世界第三長的峽灣，全長 179 公里，最深處達 800 米。哈丹格峽灣在四大峽灣中最為平緩、也是最具有田園風情的峽灣。

一般的北歐遊行程有的只去松恩峽灣，而我曾走過雙峽

灣：松恩峽灣和哈丹格峽灣。對於這兩大峽灣的遊覽方式則完全不同，哈丹格峽灣只是在車上沿途觀賞，而松恩峽灣既可以選擇坐遊輪，也可以搭乘小火車，體驗穿山越嶺的山中景緻，那是一種好特別的感受。

不過，幸運的是，親眼目睹並通過 2013 年剛剛建成的哈丹格大橋。

此大橋是挪威第一大跨峽灣的橋樑，也是世界上最大跨雙車道窄幅橋面的懸索橋，已成為挪威西南部的標誌性建築，跨越哈丹格峽灣的時候，你可以感到它像山一樣高聳，像水一樣長流。不覺想起唐代詩人劉禹錫的一首詩〈望賦〉，提到：「龍門不見兮，雲霧蒼蒼。喬木何許兮，山高水長。」

眼前的哈丹格大橋，正是雲霧環繞，山高、水長、跨灣大橋，高聳其間！

大西洋環繞著，長長的海岸線多鋸齒狀的獨特自然景觀：峽灣。它是冰河時代地殼變動留下的遺蹟，海洋伸入陸地，劈裂高山，將山谷切割成 U 型，形成幾百公里長的深谷海峽。

挪威峽灣以卑爾根為中心，分為南北兩部分。南部有幽靜的哈丹格峽灣，北部有世界上最長的松恩峽灣，峽灣長達 240 公里，最深處達 1308 米，曾被美國《地理雜誌》評為人生必去的五十個景點之一。

松恩峽灣由於兩岸地勢險要，可以登陸的地方很少，所以乘坐觀光船是遊覽的絕佳方式。坐在船上欣賞峽灣景色，時而穿過綠草如茵的山谷，時而瞥見小屋座落其中，河邊還

---

必逛景點：弗拉姆鐵路博物館。

---

▲哈丹格大橋。
▼布利斯達爾冰河。

停靠幾艘白色小艇，時而青山、時而雪山。

　　遊船緩緩駛過河中，在水面上興起一圈圈的波紋，成弧形狀，緩緩地蕩漾開來。清晰的倒影在河面上，異常絕美之景，只有在峽灣河中可見。

　　到達挪威最深、最長的松恩峽灣弗洛姆小鎮，一定要搭一段弗洛姆列車（Flåm Railway），被 Lonely Planet 票選為歐洲最迷人十大景觀列車之一。不只車窗外風景迷人，火車內部也十分精緻。

　　從低海拔的峽灣直至高山，海拔相差約 900 米，是歐洲最為壯觀的鐵路線，四周有巍峨陡峭的山巒、美麗而壯觀的峽灣、嘆為觀止的瀑布和深邃悠遠的山谷，這些如詩如畫的景色，彷彿置身於天堂一般。

　　到弗洛姆去最經典的方式就是通過弗洛姆鐵路，沿途可以觀賞到挪威最原始、最宏偉自然風光。

　　你可感受穿越山間、俯視河谷時，吹拂在臉上的涼風和清新的空氣，途中，弗洛姆列車還會經過多處山洞，火車經過尤斯夫森瀑布（Kjosfosse Waterfalln）時，還會貼心地讓遊客下車欣賞幾分鐘，眼前的景色變換，絕對讓你目不暇給。

　　如果你使用的是「挪威縮影」（Norway in a nutshell）的票券上車，除了高山景觀列車的享受，更隨心所欲地中途下車、多點停留之外，還可享有一段搭乘輪船深入河谷美景的體驗，可搭乘巴士駛進 Staheimskleiva，讓你從各種角度欣賞挪威北國峽灣中的自然之美。

## 知名畫家孟克《吶喊》

挪威表現主義畫家、版畫家愛德華孟克（Edvard Munch, 1863-1944），以生命、死亡、戀愛、恐怖和寂寞等為題材。用對比強烈的線條、色塊、簡潔概括誇張的造型，抒發自己心裡的感受，他的畫風呈現德國的表現主義形式。

孟克在世紀之交時期，創作交響樂式的《生命的飾帶》（*The Frieze of Life*）系列，《吶喊》屬於這個系列，包括生命、愛情、恐懼、死亡和憂鬱等主題。《吶喊》（*The Scream*，挪威語 Skrik，作於 1893），是孟克最著名的代表作，全世界的人都知道畫中的那位男人，他張大嘴巴，眼神充滿恐懼，雙手摀耳。

當年孟克漫步在奧斯陸愛克堡丘（Ekeberg Hill）時，突如其來的靈感，他曾表達當下的心情：

「夕陽西下，天空突然轉為血紅，精疲力盡的我，停下腳步，倚著欄杆。彩霞如鮮血和火舌一般，籠罩著藍黑色的峽灣和城市。友人繼續走著，我獨留在後，害怕得直發抖，感受到穿透大自然而來的無盡吶喊。」

孟克畫出四個版本、極具穿透力的《吶喊》之後，不久就被世人視為是存在主義中表現人類苦悶的代表性作品。

這幅畫作《吶喊》揭開表現主義的序幕，藝術風格自此

不再受限於現實，而是著重情緒的表達。

奧斯陸國家畫廊有很多挪威浪漫主義的繪畫作品，這些作品在歐洲其他地方幾乎看不到。如果是為了孟克的《吶喊》而來挪威，請一定要先去國家美術館，因為吶喊的原件是在國家美術館展出，而孟克博物館只有吶喊的素描。在這裡，還可以找到戈雅、畢卡索、莫內等著名畫家的畫作。

博物館有一個小畫室，是專門為遊客準備的，有興趣的人可以自取紙筆進行臨摹，牆上貼滿了遊客們的畫作，看著很有趣。另外，博物館週一閉館，週四免費。我由挪威奧斯陸前往丹麥哥本哈根（Copenhagen）的路上，懷著時而孤寂、時而喧鬧的心情。

曾聽過披頭四（The Beatles）唱的一首歌曲〈挪威的森林〉（*Norwegian Wood*），也曾讀過日本作家村上春樹最膾炙人口的小說《挪威的森林》，自己來到挪威之後，一路欣賞天然的高原、冰川、峽灣，再到嘈雜的都會城市、人群密集的街道上。

想起《挪威的森林》書中的這一句：「每個人都有屬於自己的一片森林，也許我們從來不曾去過，但它一直在那裡，總會在那裡。迷失的人迷失了，相逢的人會再相逢。」

從挪威奧斯陸往丹麥哥本哈根，每天各有一班船班往返兩城。建議搭乘 DFDS 郵輪公司的夜船，搭乘夜船的價格並不貴，又可體驗睡在船艙內、在船餐廳用晚餐、早餐的體驗。

---

奧斯陸國家美術館

地址：Universitetsgata 13，0164 Oslo，Norway。
交通：搭乘公車至 Tullinløkka 下車，步行可到。

---

台灣觀光客若到北歐旅遊，建議搭乘郵輪，可以親自體驗一趟北歐的陸、海、空三種不同交通工具，就像睡在旅館一樣。

搭夜船，第二天一大早起身後，吃完早餐，就會抵達對岸。不過要事先訂好 DFDS 的郵輪，才會有船艙的房間可以住。您可以先在 Ferries to France & Holland - DFDS Seaways（www.dfds.com/en-gb/passenger-ferries）網頁訂票，當選好航線後，就會出現船班的船艙選擇，每天都有不一樣的價格。

那一趟在 SL 郵輪的夜晚，用完晚餐之後，走在 5 萬噸重的郵輪上。從船頭到船尾繞了幾圈，走過熱鬧的商店街、酒吧、夜總會區，走過一間間安靜的船艙房間區，再到甲板吹吹海風，望著黑漆漆的公海。一人漫步在這個偌大的世界之中，來到有山、有水的北國挪威山林，靜靜地享受與森林為友、與孤獨為伴，異國旅行每天都有意外的驚喜。

在踏上旅途前，迷失了方向，但在踏上歸途之後，我帶著旅途中點點滴滴的回憶，打道回府。

---
挪威特產
---

**挪威奶酪**：挪威最經典的美食之一。棕色的羊奶奶酪（Geitost）是地道的挪威風味，甜甜的，非常具有特色。

**挪威燉羊肉**：挪威的傳統菜式，是北歐的冬季是難得的佳品。

**鹽漬鱈魚**：鹽漬鱈魚是挪威聖誕節的傳統菜肴，是用水和城液中軟化魚乾，然後煮熟或熏烤食用，味道比較獨特。

**挪威鮭魚**：挪威的鮭魚有多種吃法，蒸、煎、煮、烤都可以，其中最特別的是煙燻鮭魚。鮭魚細膩的肉質，再配上果漿和酸辣芥末醬，搭配麵包或者烤馬鈴薯，配合一瓶冰啤酒，真是人間美味。

生活的不完美，其實才是人生最美的
景況。有人失去擁有事物，踏上一趟
旅行，透過對旅行的追尋，深知珍惜
所擁有的，原來這才是幸福。

# 童話的國度　丹麥

　　丹麥（Danmark），是君主立憲制國家，北部隔北海和
波羅的海，與瑞典和挪威相望，南部與德國接壤。有兩個自
治領地，一個是法羅群島，另外一個是格陵蘭島。現任國家
元首為女王瑪格麗特二世，是丹麥史上第二位女性君主。

　　本土面積很小，首都哥本哈根位在東部的西蘭島上，中
間的菲英島（Fyn），是僅次於西蘭島的第二大島。第三大
城市，有「丹麥的花園」之稱的歐登塞（Odense）就在這個
島上，童話作家安徒生（Hans Christian Andersen）在此出生。

　　丹麥奶酥、丹麥曲奇餅、安徒生、小美人魚雕像、優質的福利政策、國民生活水準很高，是旅行者對丹麥直接聯想的相關元素。當你親自來到迷人的場景之後，更會對它留下深刻的印象。

　　長大成人之後的生活，似乎不如兒時來的美好，處處充滿苦悶與無所適從。無論你現在生活過得如何，是不是能夠接受，如果真能重返兒時光景，那有多好？兒時讀過的安徒生童話，其實還蠻適合成人閱讀，遺憾的事之所以美好，是因為虛構在沒有發生的想像之中。幾乎全世界的人在很小的時候，都曾讀過他寫的童話，因著《醜小鴨》、《賣

火柴的小女孩》、《海的女兒》、《國王的新衣》等等膾炙人口的故事，將兒時的童趣增添許多色彩。

我們總是把沒經歷過的事情想得過於完美，但沒有人可以確定事情發展會更好，說不定還會變得更差。來到丹麥，就會想起童話大師安徒生，他讓丹麥冠上「童話王國」的美譽。

生活的不完美，其實才是人生最美的景況。在好與不好的日子之間，忽略自己存在的價值，何不好好過一個屬於自己的幸福生活。有人失去一切事物，踏上北歐的旅行，勾起生命中的某些事、某些回憶，透過對旅行的追尋，深知珍惜所擁有的，原來才是幸福。

## 童話之都　哥本哈根

來到有「童話之都」美譽的哥本哈根（Copenhagen），世界各國的人都會前往美人魚銅像造訪。在 12 世紀時，是一座城堡，好幾個世紀以來，歷經多次瘟疫、戰爭。哥本哈根屬於溫帶海洋性氣候，四季溫和，於 19 世紀起，丹麥國王與子民陸續遷徙於此。

城內為丹麥皇室成員住所的阿馬林堡宮，八角形的廣場，中心矗立著腓特烈五世的騎馬雕像。市中心的市政廳，紅色外牆融合丹麥、北義大利文藝復興兩種建築風格，形成

▲哥本哈根的安徒生雕像。

哥本哈根市，皇世與平民共處的都會之城。

在 2000 年厄勒海峽大橋完工後，兩個國家（丹麥與瑞典）、兩座城市（哥本哈根與馬爾默），成為北歐地區最大的城市群。透過車輛和鐵路往返，促成兩國、兩地人力資源互相交流，每年利用厄勒海峽大橋的通勤人數不斷增長。在 2008 年，《Monocle》雜誌將哥本哈根選為「最適合居住的城市」，並給予「最佳設計城市」的評價。

丹麥首都哥本哈根有許多經典的景點，像是：趣伏里公園、阿馬林堡宮、克里斯欽堡宮、聖母教堂、羅森堡宮、哥本哈根歌劇院、腓特列教堂、托瓦爾森博物館、圓塔和美人魚雕像等。

哥本哈根最有特色的地區是腓特列堡（Frederiksstaden），18 世紀弗雷德里克五世在位時期興建。其中以阿馬林堡王宮，腓特列教堂的穹頂和幾座典雅的 18 世紀貴族的宅邸為主，構成一條中軸線。街道筆直寬廣，可以很悠閒地在走道漫步，欣賞兩旁不同建築風格的豪宅。

阿美琳堡王宮（Amalienborg Castle），位於哥本哈根市區東部歐爾松海峽之濱，是丹麥王室的主要宮殿。這座王宮

---

**阿美琳堡王宮**

景點地址：Amalienborg Slotsplads 5, 1257 København K .
開放時間：5/9/10 月 10:00-16:00；6-8 月 10:00-17:00；11 月 1 日 -12 月 22 日（週二至週日）、12 月 26 日 -12 月 31 日 10:00-15:00；12 月 23 日 -12 月 25 日休息。
交通方式：乘地鐵 M1、M2 至 Kongens Nytorv 站。
門票價格：成人 90 丹麥克朗，學生 60 丹麥克朗。

---

四座相同的建築組成，四座宮殿在 1754 年至 1760 年期間相繼建成。根據設計，這四座宮殿的前面形成了一個八邊形廣場。後來，這四座宮殿曾幾易其主，但一直由貴族居住。1794 年克里斯欽堡被大火焚毀後，王室決定移駕阿美琳堡四宮殿，自此一直是王室的居所。

每天早上 11 點 30 分，皇家樂隊會從宮殿出發，繞行舊市區後回宮，12 點准時在廣場上進行換崗儀式。通常在 11 點前，廣場上就已經擠滿觀光客，當身著藍褲黑帽白腰帶，手執長槍的士兵們，列隊從皇宮大門走出來的時候，一陣陣歡呼、一陣陣驚嘆聲，隨著整齊的步伐前行。當衛兵換崗之時，熱烈的掌聲又再度隨著回宮的樂隊響起。

## 市政廳及市政廣場

哥本哈根市政廳大廈建於 1905 年，由建築師馬丁紐阿普設計。市政廳大廈結合富麗堂皇的市政廳大廳面積 1500 半方米，主要用於結婚典禮和官方接待。古代丹麥與義大利文藝復興時期的風格。

市政廳正門上方的鍍金塑像是哥本哈根的奠基人，阿布薩隆大主教。市政廳左側，有一尊丹麥偉大童話作家安徒生的雕像，對街是蒂沃利公園。每日有不少慕名而來的觀光客

---

門票價格：免費。
景點地址：Rådhuspladsen 1, 1599 København .
開放時間：9:00-16:00（週一至週五）；9:30-13:00（週六）。
交通方式：乘 12、14、26、33 路車至 Rådhuspladsen（København）站。

---

▲右方建築為哥本哈根市政廳。

　　與安徒生銅像合影留念。

　　安徒生可以說是史上最知名的丹麥人了！

　　頭戴一頂高高的禮帽，一手握著手杖，另一手拿著《安徒生童話集》，安詳端坐著。頭很自然的轉向左側，雙眼望向遠處，在他的眼神中，似乎感覺到他又有什麼童話故事正在醞釀。

　　安徒生的左腿看起來光亮亮，都是來這裡造訪他的旅人的傑作，世界各個角落慕名而來的人，在安徒生的故鄉，追憶這位曾經帶給我們美好童年的童話大師。

除此，空曠的市政廳廣場是哥本哈根最古老的商業廣場，有幾個噴泉和紀念柱供遊客拍照留念。旁邊有地鐵站，更有號稱全世界最長的行人徒步街 Strøget，長達 1.2 公里的步行街位於哥本哈根市中心，始建於 17 世紀，貫穿著哥本哈根最重要的建築物和政治、商貿中心的「心臟地帶，在丹麥哥本哈根佔有舉足輕重地位。

全街約有 200 多家商店，店鋪鱗次櫛比，各具特色，令人目不暇接。這一區是哥本哈根最熱鬧的購物區。由市政廳廣場（Rådhuspladsen）一直延續到國王廣場（Kongens Nytorv），這一帶有好多好多店家，有百年老店、皇家商場，也有許多風格古樸、有趣的小店，處處都有亮點、店店各具特色。

在市政廳旁看到安徒生銅像，你會有這樣的感覺嗎？安徒生向左看，好像他在看著看蒂沃利公園（Tivoli Gardens），位於哥本哈市政廳對面、火車站附近的蒂沃利公園。占地 20 英畝，是丹麥著名的主題遊樂園。

這間全世界現存第二古老的主題樂園，早在 18 世紀歐洲興起供休憩用、各式表演及娛樂的花園時，就已大肆興建了。蒂沃利公園的創始人是一名記者兼出版商，喬治‧卡斯滕森。

---

蒂沃利公園

地址：Vesterbrogade 3, 1630 København V

官方網站：www.tivoligardens.com 線上購買哥本哈根卡免費入園

營業時間：11:00-23:00 冬季、夏季營業時間不同，請參考官網訊息

---

當時他向丹麥國王克里斯蒂八世進言：「若人民耽於玩樂，便不會干涉政治」，贏得丹麥國王認可，因而獲得建造、經營許可權。在 1843 年 8 月 15 日起，以優惠的租金開始營運。

隨著時間流轉，歐洲的花園慢慢地荒廢，這間位在哥本哈根黃金地段的蒂沃利公園居然奇蹟似地未被迫停業，仍屹立不搖於市政廳旁。目前蒂沃利公園是全世界現存第二古老的主題公園，僅次於丹麥卡拉姆堡巴肯遊樂場，也是歐洲第四大受歡迎的遊樂園。

最初公園只是群眾集會、跳舞，看表演和聽音樂的場所。後來幾經改造，才逐漸形成一個老少皆宜的遊樂場所。最有名的遊樂設施，當屬建於 1914 年的雲宵飛車，是世界最老而且仍是木造的雲宵飛車。輻射飛椅（Himmelskibet）建於 2006 年，高 80 公尺曾為世界最高，當它旋轉至高點時，哥本哈根的美麗景觀一覽無遺。

## 哥本哈根碼頭區（Waterfrot）

有「童話之城」的哥本哈根，初次來訪的旅人必訪的景點，是美人魚雕像，到此沒見到美人魚，就好像沒到過哥本哈根一樣，因為美人魚銅像已根深蒂固於世人的腦海中，成為丹麥的象徵。

安徒生（Hans Christian Andersen,1805-1875），他寫的童話故事被翻譯為超過 150 種語言，成千上萬冊童話書在全球陸續發行出版，可說是伴隨全世界的孩童一起成長、一起歡樂。他的作品也被改編，拍成電影、舞台劇、芭蕾舞劇及動畫等等。

世人都熟悉安徒生童話淒美故事的小美人魚，如今豎立在哥本哈根港邊的人魚雕像，儼然成為哥本哈根城市的地標，每年八月在雕像旁的海上，都會舉辦週年慶祝活動。

你知道為何港邊會有這尊美人魚雕像嗎？

這是在 1909 年，知名啤酒嘉士伯創辦人的兒子卡爾‧雅布克森（Carl Jacobsen）的委託，雅布克森對童話故事為題材的芭蕾舞著迷，他聘請丹麥雕塑家愛德華，根據安徒生 1837 年所寫的一篇童話《海的女兒》中的主角〈小美人魚〉，再以妻子愛琳‧埃里克森（Eline Eriksen）為藍本，雕塑這尊美人魚雕像。

美人魚雕像於 1913 年 8 月 23 日正式坐落於此，不論春夏秋冬、颱風下雨都坐在港口邊。然而 2006 年 3 月，哥本哈根市政府把美人魚雕像往深海處搬遷，原因是過多的遊客對雕塑造成太多的破壞。

第一次來到這兒，看到這座雕像，讓我大吃一驚，心想怎麼這麼小，因為美人魚雕像，高度只有 1.25 米，重達 175 公斤。有時看似美好的背後，卻是慘不忍睹，每每來到這兒，方圓百里都是人，有人為了拍照爭先恐後，有人更因引此大打出手，何苦來哉？可知美人魚雕像的魅力了。

千瘡百孔，一個簡單的故事，總會經歷一些殘酷、不捨

---

景點地址：Churchillparken Copenhagen, Denmark .
開放時間：全天開放。
交通方式：乘火車或 12 路公車至 Østerport 站，乘地鐵至 Kongens Nytorv 站 。
門票價格：免費。

---

▼被人群圍觀的美人魚雕像。

　　的過程，作為故事的支撐，一個美好的願望，總是緣於一段不愉快的經歷。從此，我看每一個故事都不簡單。

　　在哥本哈根海濱附近，有一個大型噴泉，名叫吉菲昂噴泉（The Gefion fountain），位於 Nordre Toldbod 區域，毗鄰卡斯特雷特和長堤公園（Langelinie），由丹麥雕塑家昂拉斯蓬高（Anders Bungaard），花費 10 年時間鑄造而成。

　　這座美麗壯觀的雕塑，秀髮飄逸的女神左手扶犁、右手執鞭，駕馭著四條神牛拚力耕耘。整組雕塑栩栩如生，帶著

一種攝人心魄的力量。

相傳很早以前，丹麥人沒有自己的土地，保護女神吉菲昂請求瑞典國王賜她一塊土地。國王提出請求，女神必須在一晝夜時間裡，用四頭牛套犁在他的國土上挖，能挖多少算多少。於是女神便把 4 個兒子變成 4 頭力大無比的神牛，奮力耕地一晝夜，從瑞典國土上挖了一大塊土地，並把它移到海上，從此在瑞典的土地上留下一個煙波浩渺的維納恩湖，而挖出來的土地就是現在丹麥的西蘭島。

## 新港運河

新港是哥本哈根有名的懷舊區，街道兩旁樓屋對峙，並以碼頭情調見著。原本是 條通往國王新廣場的人工運河，建於 1669 年至 1673 年，當時建造這條運河的主要目的，是將海水直接引進哥本哈根的國王新廣場，海上交通引進城市中心，進而促進當地經濟發展，一直以來都是世界各地的船員流連駐足的地方。

在碼頭的紅磚地上，豎立一根鐵皮箍耆的圓木，用以支撐一個巨大的鐵錨，那是丹麥老戰艦伏能號，留下的紀念物，用以紀念第二次世界大戰中，死難的丹麥海軍勇士。

曾有丹麥人說：「不見新港，不識哥本哈根。」岸邊色彩豐富，整排彩色的磚屋，一艘艘高桅木船停靠港邊，來自世界各地的觀光客穿梭其中，形成丹麥最著名的風景明信片。

近年新港翻新一些老屋，但是在此依然可以看到 300 多年古樸的歷史舊屋，還有咖啡廳、啤酒屋和餐館、以及運河

新港運河沿岸的多彩門面。來源：Pvalerio。

畔豎著桅杆的各種木船。運河南側 18 號和 20 號的房子，據說是安徒生曾經住過的地方，安徒生許多美好的童話就是在這裡完成的。

　　有的屋主將牆面漆上鵝黃、淺藍、磚紅，五顏六色，繽紛絢麗，有如童話色彩的房子。在古老與現代、藝術與創作、自然與人文，相互交融之下，使新港成為哥本哈根最具風情的地方。

　　丹麥，童話的故鄉，也是幸福指數最高的國度，是大多數人對丹麥的第一印象，作家安徒生的童話故事，陪伴我們長大，曾有人對哥本哈根提出她的感覺：「完美並不存在，但哥本哈根離它最近。」

　　我想去哥本哈根的原因，除了看那條靜靜地坐在碼頭一百多年，聞名世界的美人魚，還有《遠離非洲》（*Out of Africa*）裡，那位曾經在肯亞待過 20 多年的作家伊薩克狄尼森（Isak Dinesen, 1885-1962）。她與身為瑞典貴族的堂弟結婚後，成為白列森男爵夫人（Baroness Blixen），到肯亞經營咖啡種植園，沒想到在非洲辛苦數十年，到頭來婚姻和事業都不盡理想，只好離開非洲。後來她在回憶錄《遠離非洲》中提到：「在非洲的最後幾個月裡，在我明白自己無法繼續維持農場營運之後，開始在夜晚寫作，擺脫白天已憂心逾百

景點地址：Nyhavn, København K, Denmark .
開放時間：10:00-17:00（4-10 月）；11:00-15:00（11- 次年 3 月）。
交通方式：乘坐 M1 或 M2 地鐵至 KongensNytorv St. 站，或乘公車 1A、15、26、66 路至 Nyhavn 站。
門票價格：免費。

次的事務，踏上新的軌道。」

花心的丈夫婚後把梅毒傳染給她，這種疾病使她終生痛苦不堪，造成她平衡能力受損、行走困難、因潰瘍而厭食，以及腹部絞痛，嚴重到有時他們只能讓她躺在地板上，「像動物般號叫」。

離開傷心地肯亞，回到丹麥與母親同住之後，在早上她可以騎著舊單車去拜訪鄰居，在峽灣裡游泳，下午再開始寫作。但是隨著年紀增長，疾病削弱她工作、進食，甚至坐直的能力。晚期大部分的作品，都是躺在地板或床上口述，讓助理代筆完成。

她本可以當個男爵夫人度過一生，卻因為經歷悲慘不堪的過往，使她晚年必須透過寫作療傷。走逛丹麥鄉間之後，才發現這兒寧靜又清幽，還真是一個寫作的國度，然而城市裡有許多夢幻的宮殿，充滿許多童話傳奇，有別於鄉間氣氛，那隨性又浪漫的氛圍，還蠻適合親自來體驗。

---

**丹麥特產**

**丹麥奶酥**：丹麥奶酥是丹麥最有名的甜點，由維也納甜品師在丹麥發明的，所以在丹麥它被叫做「Wienerbrød」，即維也納麵包。主要由麵粉、牛奶、果醬製成，造型各異，種類頗多，風味獨特，幾乎在每個糕餅店，都能找到它的蹤影。

**丹麥大肉丸**：丹麥大肉丸以豬肉、麵粉等食材用其傳統方法煎炸而成，通常搭配炸土豆，蔬菜和美味的特色醬搭配食用，嚐起來肉質松軟，味美可口。

**丹麥啤酒**：丹麥啤酒用極佳的水質，配以完美的啤酒花，在北歐人嚴謹的流程監測下生 出來的，口感濃郁醇厚，非常清爽。

**丹麥曲奇**：丹麥在食品烘焙方面，屬於全球頂端，最著名的就是丹麥曲奇，不僅營養豐富，而且很香醇味美，綿甜可口。

# Chapter 2

# 北歐文化

# 北歐的 Fika 時光和 hygge 生活

提到芬蘭，你會想到什麼？是賞極光、聖誕老人、冬季體育會，還是諾基亞、IKEA 家具？其實，北歐的生活遠比我們想像中，要有情調、要有風格多了。

被視為「常民提神飲品」的咖啡，在現代社會中，可以說是全世界不可或缺的民生必需品。但在 18 世紀左右，咖啡從殖民地帶回歐洲之後，在一開始被視為一種新的飲品，有些人只把它當作專治頭痛、心臟病和抑鬱症的藥材，所以當時只有藥房才有販售咖啡。

早期咖啡在歐洲是皇室、貴族、上流階級之士，才能享受的飲料，隨後逐漸延伸至各城、各小鎮，甚至村落裡的農民、工人，每天早上都會喝上一、兩杯滾燙的咖啡，逐漸形成喝咖啡的風氣。

在芬蘭還是瑞典的領土時，人們就已經有咖啡的習慣，後來受到經濟大蕭條及二次世界大戰的影響，造成芬蘭咖啡短缺，甚至到戰時必須採用配給，當時芬蘭人竟發明一種味道類似苦澀咖啡的替代飲品，幫助當時的芬蘭人，度過戰時的煎熬，可見芬蘭比其他北歐國家更「嗜」咖啡。

擺一張舒適的餐桌布，營造溫馨的角落。與好友共享一道拿手料理、煮一杯咖啡，歡度簡單、美好的時光。

50 年代的芬蘭，政局穩定、經濟復原，與西歐國家貿易漸增的關係，咖啡再度回到人民的生活之中，芬蘭逐漸成為世界上人均咖啡飲用量名列前茅的國家。如今芬蘭每年人均消耗 12 公斤的咖啡，高居世界咖啡消費量前幾名。

## 在芬蘭，一定要來喝一杯咖啡

芬蘭人都有一種病，就是「癮」咖啡。

芬蘭人熱愛喝咖啡的程度，從各個超級市場開架販賣的咖啡豆、咖啡粉或即溶咖啡來看，就可知道芬蘭人「嗜」咖啡的程度。芬蘭主要的咖啡品牌有：Paulig 集團旗下的 President、芬蘭當地連鎖咖啡品牌 Robert's Coffee、街角的便利商店 R-kioski，像台灣的小七、全家一樣，也會販賣熱騰騰的咖啡。

首都赫爾辛基是芬蘭勞力最密集的城市，因為一般人力往往聚集在城市，自然吸引許多人來此工作。近年的「24 小時」工作制，使得工作者更需要「精神」工作，現代社會的精神壓力更大，要靠咖啡來提振精神。

過去人們習慣在啜飲咖啡時，加糖、加鮮奶油，要藉此獲得熱量，現今人們飲咖啡用來提神。由此來看歐洲、或是北歐咖啡的發展史，可視為一種現代化、都市化的歷程。

每個芬蘭人愛喝咖啡的理由或許各不相同，但是這種熱氣騰騰的飲品從 18 世紀初傳到芬蘭就再也沒有離開過，所以來芬蘭絕對要喝一杯咖啡。

在赫爾辛基的大街上，隨處可見精心布置的咖啡館，芬蘭人常常呼喝三、兩朋友齊聚在咖啡館，或是單獨一個人，

坐在咖啡館門前的桌椅上，品咖啡，盡享悠閒咖啡時光。

　　芬蘭咖啡不同於歐洲常見的義式濃縮、拿鐵或卡布奇諾，那些咖啡豆都是經深度烘培，目的是為掩蓋水質造成的咖啡口感上的不足。而芬蘭由於水質純淨，無需深度烘培，道地的淺烘焙芬蘭咖啡，讓你更能感受芬蘭的口感。

　　喝咖啡成癮的芬蘭人，平均一天一人至少要喝上 6 杯咖啡。據說如果早上沒喝咖啡，接下來的一整天都會覺得不對勁。據國際咖啡協會統計，芬蘭人均每年消費咖啡 11.99 公斤，相當於每天喝 3.8 杯咖啡，排名全球第一。

　　不過看看芬蘭的地理位置，也就可以理解了，想想寒冷的冬天，一天可能只能看到一兩個小時的陽光，沒有咖啡，怎麼能打起精神呢？

## Fika ！ Fika ！

　　北歐人的一天，不管是在學校、還是在公司，通常會被打斷 2 次，一次是上午 10 點，一次是下午 3 點，每次持續時間為 15 分鐘，他們究竟在做什麼呢？

　　Fika 是個很獨特的專有名詞，在芬蘭語和瑞典語之中，你可以說它是個名詞、也可以說它是個動詞。走逛在北歐各城的街上，常常會聽到的一句話：「Fika ！ Fika ！」以英文來看，這有點 Coffee break 的意思。

　　北歐職場上有不成文的「咖啡時光」，員工們在上午、下午各有一場短暫休息的時間，通常企業的雇主都會允許，甚至業主有時會加入其中，放鬆片刻之後，再到辦公桌上，辦正事。

　　他們的 Fika 時光，通常會在桌上鋪上一張好有情境的餐巾，擺上心愛的杯子，和點心盤內幾個小甜點、端出一壺剛

煮好的咖啡。彼此歡歡喜喜地說著：「Fika！Fika！」

喝一杯甘醇的咖啡，品嚐一塊手工烘焙餅乾。Fika 不僅僅只是喝咖啡、放鬆一下，它更代表和同事分享、交流的時刻。彼此在工作上的討論、好的想法和決定，都可以在這樣的休憩時間，達成溝通。

北歐風代表時尚，像是北歐電影、影集，在北歐的文化裡，Fika 已經成為一種形式，而「喝咖啡、聊生活」，在芬蘭、瑞典、挪威，甚至北歐各國，已經是約定成俗的一種生活文化！

想想與其每天在會議室正經八百地開會、簡報，不如花點時間，面對面坐下來，聚在咖啡桌上，享受北歐特有的「fika」時刻，會更有效率、更有神來之點冒出來。

## hygge 簡單、美好的生活

在台灣通常將 ABBA 合唱團、IKEA 家具、嗜吃醃鮭魚和肉丸子、嚕嚕米，視為北歐的刻板印象。咖啡小憩、與親朋好友共聚一堂是典型北歐生活的常態，即使在工作職場上，北歐公司允許員工上班時，有時間聚在一起，享受一段咖啡小憩的時光，這正是所謂的「集體充電」。

hygge 這個名詞，（讀音 hoo-gah），意指北歐生活中所有美好的一切。

近年來在許多有關生活品質的研究中，北歐這幾國，總是名列前茅：芬蘭、挪威、瑞典和丹麥，被視為北歐一體，因此北歐的 hygge ，這種「集體充電」文化對於公司績效和社會連結，有很大的幫助。尤其，丹麥鄰近北極圈，長年受黑夜與冷冽氣溫籠罩，一年中有將近半數日子，皆處在陰雨綿綿，hygge 這種正向生活態度，之於丹麥，更顯重要。

到底什麼是「hygge」？它代表溫暖、舒適的意思；但更重要的是，hygge 是丹麥式生活的象徵——燭光、咖啡、紅酒、糕點，到羊毛毯、毛襪或親密親友。丹麥人能自然而然地融合這些元素，實踐簡單、美好的生活。

不管你是不是很迷北歐犯罪影集，或者偏愛北歐的設計，或者是否到過北歐旅行、嚮往北歐的生活方式，但若能在自己的生活中，加入一點點北歐式的 hygge 情調，就能讓生活多一些情趣。把握短暫生命中美好，善待自己、善待身邊的人。

丟棄現代生活緊張、忙碌，所帶來的焦慮和混亂，過一種 hygge 簡單的生活基礎，回歸到基本的面相。

讓一切簡化，滿足對簡單的渴望，simply the bes，找回自己的時間和精力，活出更有意義的人生。

這種北歐式的生活哲學，像是：工作有效率、吃喜歡的食物、把握上班短暫的歡樂時光，也是 hygge 生活的精髓，以下是溫馨美好的 hygge 清單：

> 與親友共享一道拿手料理，歡度相聚的美好時光。
> 擺一張舒適的躺椅，營造家中溫馨的角落。
> 晨起煮杯咖啡，專心享受香濃的咖啡香氣。
> 插一盆鮮花，點燃香氛蠟燭，冥想半小時。
> 開罪惡感，品嚐一道米其林美食、甜點。
> 騎單車散步、泡個精油澡，愛自一回。

每個人的心裡，都有想要達成的夢想，
凡事相信、凡事盼望，只要心中堅信
夢想、心存盼望，就會實現。

# 你相信有聖誕老公公嗎？

每個人小時候都曾相信世上有聖誕老公公，我也不例外。我曾抱著「聖誕老公公會實現每個人的心願」這樣的希望；當我長大之後，世故了，心想「聖誕老公公？真是好笑！」

後來，自己有了孩子，當女兒跟兒子問我：「爸拔，真的有聖誕老公公嗎？」我的回答竟然是，「有啊！當你聖誕夜睡了，他就會來。」

沒想到我竟暗地扮演那個聖誕老公公，把禮物放在襪子裡！若是能當他人夢想的達成者，將美好祝福傳出去，也是一種幸福傳遞者，不是嗎？

若是想營造一個聖誕氣氛，不管你是大人、還是小孩，都想與誕老公公面對面！然而，芬蘭，就是可以一圓你「遇見聖誕老公公」夢想的國家，位於北部羅瓦涅米郊區的一處主題公園，不只一整年都像是在過聖誕節，來到此處每天都可以和聖誕老人面對面！

由於位於北極圈內，好運的話，很有可能看到極光。 若你是從芬蘭首都赫爾辛基搭乘臥鋪的「聖誕老人特快車」，就會像那部影片《北極特快車》（*The Polar Express*, 2004）一樣，滿懷期待地聖誕老公公約會！

## 《北極特快車》心存盼望，就會實現

全球第一部以 IMAX 3D 巨型的立體動畫片《北極特快車》，那年在台灣上映，讓火車栩栩如生地駛進戲院，特快車飛馳在鐵軌上的畫面，現場猶如搭乘雲霄飛車一般，震撼感十足，尤其是那張車票在空中飄起來的時候，真的讓人很想伸手抓住那一張車票！

《北極特快車》堪稱聖誕節最應景的電影之一了！記得那年的聖誕節，台北不下雪的電影院，竟然如北國下雪了。事隔多年，至今想起「第一次」在戲院得到栩栩如生的聖誕禮物，太神奇的感動，後來在芬蘭搭火車到聖誕老公公村，下雪的場景，就像看《北極特快車》的驚喜。

　　這部改編自同名繪本，由金獎導演勞勃辛密克斯，加上影帝湯姆漢克聯手操刀，「真人演出，數位捕捉」，也就是所有動畫人物都是真人演出，再把表情、動作變成動畫。「中年男子」湯姆漢克拜動畫技術所賜，可以活靈活現地飾演一個「小男孩」。

　　他在這部片中總共飾演五個角色，除了小男孩之外，還有小男孩的父親、北極特快車的列車長、火車上的鬼魂，以及聖誕老人，這些主要角色，從小孩到老人，都是湯姆漢克一個人演出。

　　小孩最期待聖誕老人出現，但是長大世故之後，漸漸不再保有孩童單純的夢想，就像片中小男孩的同伴們，不再相信有聖誕老人，銀色鈴鐺也就不再為他們響起，只有小男孩，從未放棄心中的信念，一直到老都還聽得見鈴鐺美妙的聲音。

　　在下雪的聖誕夜裡，憂心忡忡的小男孩親看見，聖誕老人。竟然在家門口，聽到一陣汽笛聲、看見一輛蒸氣火車。他趕忙穿上睡袍衝下樓，前去一探究竟。

　　在他「理性」的思維裡，門外那輛火車根本不可能存在，因為滿地積雪的家門口，哪來的鐵軌？然而，火車上卻有一群小朋友對他注視著，列車長站在門口，等著他上車。

　　小男孩問：「請問，這輛火車要開到哪去？」

▲位於芬蘭拉普蘭地區的聖誕老人村。

列車長回答：「當然是去北極，這是北極特快車！」

男孩驚喜地跳上火車，展開他一生中最刺激的冒險。

「眼見為憑」，是這部影片透過一個小男孩的驚喜，親眼見到難以想像的事情。

其實生命中有很多事情，不是「眼見為憑」，也不是「看見了，才相信」，而是「只要相信，就會看見！」每個人的心裡，對想要達成的事都要有信心，凡事相信、凡事盼望，只要心中堅信夢想、心存盼望，就會實現。

電影《北極特快車》中，自以為是的小孩學會了謙虛，勇敢的小孩找到了領袖特質，害羞的小孩得到了勇氣，而始終對任何事物都充滿懷疑的小男孩，也找到了信念。

## 一生必完成的人生清單

芬蘭是世界最早迎接聖誕老公公的國家，傳說在 1927 年芬蘭與蘇聯以「耳朵山」為兩國國界，當時芬蘭有一位電台主持人瑪爾庫斯，專門訴說兒童故事，他在電台節目中，說出聖誕老人與兩萬隻馴鹿，住在耳朵山，會聽到全世界小朋友的願望。

位在芬蘭北部區羅凡聶米（Rovaniemi），北極圈以南 6 公里、北緯 66 度，有一處聖誕老公公村。以當地原住民薩

米族語為名，羅凡聶米有「多林木的山丘」之意。第二次世界大戰，曾被德軍佔領，後來再回歸芬蘭，逐漸發展成觀光城市。

建議來到聖誕老公公村落，要在12至3月，特別有飄雪、白雪覆蓋針葉林的氣氛，真的好像來到童話故事之中，而且一定要做下列的事情：

拉普蘭（Lapland）位於芬蘭最北部。到拉普蘭的交通發達，每天有5班高速鐵路列車，從首都赫爾辛基來到這兒，大約8至12小時的時間。若搭飛機的話，每天芬蘭航空和挪威航空有7班航機，機場就在羅瓦涅米聖誕老人村附近，航程約70分鐘左右。

此旅遊景點，冬天會有世界各地慕名而來的旅人，這個村落分為：聖誕老人村和聖誕樂園。聖誕老人村不需要門票，但聖誕樂園則需要買門票，若是爸媽帶小孩來的家庭，通常會買票進場。

千里迢迢來到白雪靄靄的冰凍之區，為的是要尋找馴鹿雪橇、白雪城堡和耶誕老人「本尊」，讓書中讀過的景緻，栩栩如生地飛入眼前，似幻似真的雪白之境，要不是眼見一群人往前走去，還真的會愣在一旁。

走進聖誕老公公村落之後，可以看見一處廣場，前方有一座屋頂尖尖、高高的建築物，非常顯目，那就是聖誕老公公的總部。裡面販賣許多與聖誕老公公相關的紀念品，明信片、筆記本、T恤、圍巾等等，最重要的是，還可以與聖誕老公公合影留念，合拍半身與全身共三張照片。拍完之後，跟隨工作人員，付費、領取照片。

另外，可以買幾張明信片，寫給朋友、或是寫給自己的祝福話語。這裡的郵局有別處買不到的明信片、郵票，還能蓋出特色郵戳。投郵筒時，請注意兩個郵筒，橘色郵桶是每天會寄出的明信片；紅色的郵筒，是下一年度聖誕節前會寄出。若想回台灣幾天之後收到，就要投遞在橘色郵桶內，不久就會收到來自北國聖誕老公公寄來的祝福。

來到針葉林、尖頂小木屋、雪白繽紛的現場、與真人版的聖誕老公公邂逅，使我笑得很像小孩，彷彿遇見童年的自己，等待想要的一份禮物，好久沒有這麼歡喜、這麼感動。此時此刻，想起曾經在我生命中扮演過誕老公公的人，感謝他們的付出，使我能一路成長，幸福至此。

兒時，曾經盼望著聖誕老公公，成年後，曾扮演聖誕老公公；自己的小小夢想實現過，也實現了孩子小小的夢想。隨著年齡增長，每個人想要完成的心願越來越少，自己能力所及，何妨去幫助他人，完成他們想要完成的心願呢？

---

**聖誕老人村相關資訊網站：**

聖誕老人村官網：santaclausoffice.com
聖誕老人村中文網站：santaclausvillage.info/zh-hans
相片下載網址：santaclausoffice.com/product/your-photos-and-videos/

---

# 追尋一趟「幸福極光」吧！

　　極光是一種天文奇觀，它的型態是不固定，呈現放射狀、帶狀、弧狀等等，極光的顏色也是不盡相同的，介於藍與綠色之間，呈現藍黃、墨綠的色澤。

　　來北歐旅行，要是沒有看到極光，一定會像挪威表現主義畫家孟克（Edvard Munch）那一幅畫《吶喊》的表情，痛心疾首、捶心肝吧！傳說中，看見極光的人，可以得到一輩子的幸福，所以來北歐一定要去一趟「追尋極光」之旅。

　　特別是在黑夜中，眼前絢目、斑斕的光影，浮動、變幻，充滿夢幻綺麗的氣氛，一時之間增添些許浪漫的色彩。

　　極光（aurora），在離地球 60 英哩的天空，一束一束電

子光河，釋放出一百萬兆瓦的光芒，但在遠古時代，人們只能憑空想像，來描述奇妙的大自然景色，古老神祕的傳說中，拉丁文「伊歐斯」一詞就是極光。在希臘神話中，傳說伊歐斯是泰坦的女兒、太陽神和月亮女神的妹妹，有「黎明的化身」之稱。

古早的芬蘭人相信，在白雪覆蓋的山裡，狐狸在奔跑時，尾巴掃起晶瑩閃爍的雪花，一路伸展到天際，從而形成「歐若拉」。北歐的薩米人則認為極光來自於逝者的創傷，還有北極的愛斯基摩人把極光視為神靈現身，他們相信這種快速移動的極光，會在空中踏步，取走人的靈魂。

各民族關於極光神祕的傳說，口耳相傳到近代科學家卡森迪之後，他以科學方法把這種旭日東升前奇特的現象，稱為「歐若拉」（Aurora）。

## 絢麗多彩的「歐若拉」

　　極光出現在高緯度地區的上空中，一種絢麗多彩的發光現象，一般呈帶狀、弧狀、幕狀、放射狀，這些形狀有時穩定有時變幻莫測。地球的極光，由來自地球磁層或太陽的高能帶電粒子流，使高層大氣分子或原子激發而產生。

　　那什麼時候才能看到極光呢？其實一年四季都有極光出現，不過夏天在北極圈附近由於永晝現象，天那麼亮，不太容易看到。通常在 10 月到來年 3 月，以 10 月前後和 2、3月為最佳。極光出現最頻繁的時間是下午 6 點至凌晨 1 點。

　　要欣賞這種可遇不可求的現象，要憑借緣分才能親眼目睹。然而在北歐，有很多地方都可以看到極光，在北緯 65度以上，像是芬蘭、瑞典、挪威、冰島、美國的阿拉斯加、加拿大北部都可以看到。在北歐國家，例如挪威的特羅姆瑟（Tromso）、芬蘭的拉普蘭（Lapland）、瑞典的阿比斯庫（Abisko）、冰島的辛格維利國家公園（Thingvellir National Park）等地方，賞極光的比例較高。

千年來不斷勾起人們的猜測和幻想，所以有人稱看到極光，是一種幸福。如今科學界雖已提出解釋，但對這道幸福之光的追尋，卻仍深深烙印在人們的靈魂深處。

個人就曾望見天河之上一條一條絢麗的光芒，目睹這種多彩「歐若拉」的天空景況。我想，是不遠千里而來的旅人，期待對夢想的追逐、對心所嚮往之境的愛慕！那種幸福，是一種驚嘆、一種極美的相遇，與前世今生無言的碰撞！

## 賞極光穿衣 tips：

上衣：保暖內衣、羽絨衣、滑雪服裝（保暖功能的冬衣）

褲子：保暖雪褲（既保暖，又不會感到動彈不得）

鞋子：防雪、防滑雪地靴子

由裡往外，第一層應該是恆溫排汗衣，第二層是輕量羽絨質感的保溫層，第三層則是厚實的防風、防雨層，最好要有透氣性。其次，頭、手、腳，統統罩起來。

## 極光拍攝 tips：

ISO：調高至 800-1600 左右。

長時間曝光：根據環境和極光亮度，曝光 15 秒至 30 秒。

左右三腳架：長時間曝光需要相機穩定，三腳架最好有一定重量，不會輕易被風吹倒。

備用電池：電池在寒冷的環境中，消耗很快，請多帶幾顆電池。

構圖：拍攝極光最好有前景，才能襯托出極光的比例。如果附近有水更佳，這樣極光能反射，可以拍出天空之鏡的效果。

## 最佳極光觀測地

　　到芬蘭北部烏茨約基（Utsjoki）、伊瓦洛（Ivalo）、卡克斯勞塔納（Kakslauttanen）等處，都有機會見到極光，特別是在晴朗、無雲的冬夜裡。在芬蘭第三大湖伊納里湖附近的 Nellim，是拍攝極光效果很好的地方。

　　上拉普蘭 Luosto 的歐若拉旅館（Hotel Aurora），一抵達時，就會收到有關的「極光通知」，只要極光出現，房間就會立刻發出聲音。位於北極圈，往北 250 公里處，拉普蘭境內莎莉賽卡（Hotel Kakslauttanen）度假勝地。年均溫 0.6 度，這兒有完善的三溫暖設備，別忘了來一趟暖呼呼的芬蘭浴，這可是難得的北國體驗！

莎莉賽卡最令人嚮往的，是世界僅有、限量的極光玻璃屋。除設備完善的小木屋與獨特的冰屋之外，飯店還設有冰酒吧和冰教堂，讓您徹底沉浸在冰雪世界。每年冬季一位難求的玻璃屋住宿，頂上玻璃所製成的透明屋頂，360度視野，若極光強大的話，只要躺在床上、就能觀賞奇幻的北歐極光。

　　追尋在天空中閃爍的光芒，也可在瑞典的阿比斯庫（Abisko）、拉布蘭（Swedish Lapland）。在阿比斯庫這一帶，因為獨特的微氣候，讓此處成為理想的觀賞區，而鄰近阿比斯庫國家公園，黑暗的冬季夜晚是欣賞天空完美掃尾的森林之境。

　　另外，還可以選擇在挪威阿爾塔（Alta）、斯瓦爾巴（Svalbard）、芬馬克郡（Finnmark），因為位於極圈上方而成為全世界最佳的觀賞處之一。在挪威峽灣北部的城市特羅姆瑟（Tromsø），冬天比夏天更熱鬧，受到北大西洋暖流的眷顧，冬季較內陸的瑞典與芬蘭溫暖，位在極光帶中央的位置，讓在此見到極光的機率大增，被CNN列為十大極光觀測地，也一直在北歐極光觀測推薦點的列表上。

　　每到冬天，世界各地的觀光客不遠千里來到有「極光之都」美稱的這座小城，就是為了一睹極光的真面目。

Friday night and the lights are low
穿越時空膠囊、改頭換面，那一年初
次在地下舞廳，開場跳的第一首舞曲
〈Dancing Queen〉，那一個天真樂觀、
充滿信心的青春女孩重現了！

# ABBA 阿巴合唱團　瑞典國寶

▲ ABBA 合唱團的作品。

大家一定都聽過 ABBA 的歌吧！從上個世紀 70 年代開始，至今仍不時在收音機聽到〈媽媽咪呀〉（*Mamma Mia*）、〈跳舞皇后〉（*Dancing Queen*）等等經典歌曲，不禁隨著節奏扭動起來。

　　這兩首歌由 ABBA 主唱，應該算是全世界最經典的流行歌曲吧！不只在歐美受到歡迎，在歐美以外的地區，東南亞、日本、印度、台灣等地，也擁有廣大歌迷。

　　自從 1974 年歐洲歌唱大賽中，ABBA 以歌曲〈滑鐵盧〉獲勝之後，就以樂團成員姓名的第一個字母，ABBA 分別是艾妮塔·費爾特斯科格（Agnetha Fältskog）、比約恩·奧瓦爾斯（Björn Ulvaeus）、班尼·安德森（Benny Andersson）、和安妮弗瑞妲·林斯塔德（Anni-Frida Lyngstad）4 人。

　　當年很小的時候，我不時聽著他們的歌曲，可說是隨著 ABBA 一路成長。不過全球音樂浪潮每隔 10 年一變，加上團員之間不同的想法，最後在 1983 年解散。主唱 Frida 曾說：「身為瑞典人我覺得很驕傲自豪，我們用樸實的態度和行為來檢視自己，從來沒有任何所謂的傲慢。」

　　貝斯手 Björn 也說：「來自瑞典的我們，總是認為自己是這大舞台上的局外人，永遠無法融入大環境之中。」

　　雖然解散許久，ABBA 悅耳的旋律、精緻的 Disco 曲風、美好的人聲、傳唱的歌詞，仍存留在樂迷的心目中。

　　除了歌曲本身的魅力，ABBA 的歌曲還能繼續傳唱，在於後起樂團的翻唱、引用，不斷脫胎換骨地被年輕人朗朗上口、開懷地唱著。還有，音樂劇及電影中大量引用 ABBA 的歌曲，這些都是歷久不衰的原因。

當年《媽媽咪呀！》風靡全球、靠著《媽媽咪呀！》音樂劇、賺進 9 千萬英鎊的製作人 Judy Craymer，曾說：在 2001 年，音樂劇在紐約演出前，當地維持秩序的警察和進場的觀眾，聽到他們播放〈Dancing Queen〉時，全部的人立即在現場，大唱大跳，近乎「暴動」的狀態！

## ABBA 博物館

於瑞典的東海岸，瀕波羅的海，梅拉倫湖入海處，風景秀麗，是著名的旅遊勝地，由於未受戰爭的破壞而保存良好，現在共有 100 多座博物館和名勝，包括歷史、民族、自然、美術等各個方面。

不過來到瑞典，一定要到首都斯德哥爾摩走走，除了參觀諾貝爾頒獎場地之外，也一定要到 ABBA 博物館（ABBA The Museum），愛立信公司曾發布「網路社會城市指數」這份調查報告中，斯德哥爾摩以成熟的資通訊基礎建設蟬聯第一名，而 ABBA 博物館同樣也傳襲了這項優點。

它屬於現代的博物館，不過博物館並非只有收藏文物、展示古文物的功能，還可以用科技、多媒體方式，具有傳承下一個世代的使命。如果你喜歡 ABBA 及新鮮科技玩意的話，位在斯德哥爾摩市區的 ABBA 博物館是不容錯過的景點之一。

這兒應用數位方式，凸顯「瑞典國寶」ABBA 合唱團的人文氣息，是 ABBA 樂迷、愛好西洋音樂、文創工作者不容錯過的景點之一。

佔地約兩千平方公尺的展館，主要位於地下室，買票進

入 ABBA 博物館之後，館方人員除了送上票券，還會一人發一支像遙控器的裝置，這個裝置其實是語音導覽器，只要輕輕觸碰各個展點的圓型立牌，就可以聽到相關的導覽介紹。

佔地約兩千平方公尺的展館，主要位於地下室，除了展示 ABBA 團員們過去所使用過的文物（包括吉他、服裝和隨手寫下的歌譜等），館方也充分運用了互動科技的力量，讓歌迷們好好回味偶像當年的風華。

館內各項設施的設計，可以尋回你對 ABBA 的往日回憶，不過到訪 ABBA 博物館需要預約，因為這個博物館除了有關 ABBA 的創作背景、演出服裝、道具收藏……等等珍貴資料之外，請保管好手中票卷的條碼，體驗館中的互動裝置。

透過體感科技與電腦動畫，選出你最愛的那一首 ABBA 歌曲，將自己的身影融入整個舞台中，以自己喜愛的方式重新詮釋，宛若也置身 ABBA 合唱團 MV 的陣容之中，更驚奇的是台下觀眾不時出現的掌聲，是喜愛 ABBA 的朋友們不可不來朝聖的地方。

瑞典人巧妙運用互動科技來發揚文創，讓參與者可以與心儀的偶像一起哼唱熟悉的旋律，還能夠將大家耳熟能詳的經典歌曲重新編曲，譜寫成自己喜歡的曲調。館方利用強大的數位科技，自動幫歌迷記錄精采的畫面，日後只要憑票券上的條碼號碼，就可以下載參訪時的相關資訊，可說是兼具便利性與育樂性。

據館內資料顯示，2013 年開幕至今，已接待的遊客超過250 萬人次。一趟北歐之旅，千萬別錯過了拜訪 ABBA 博物館，在這裡除了可以追憶 ABBA 合唱團的往日榮光，還能夠

看到文創與互動科技結合的典範，以及未來的無限可能。

　　ABBA 博物館的門票不算便宜（瑞典幣 195 元克朗，約新台幣 850 元），但逛過一回，與這四位員們同台飆歌之後，必大呼值回票價。

## ABBA 博物館的三大看點：

1. 運用互動科技來說故事，快速了解 ABBA 合唱團的崛起歷程。
2. 看瑞典人推動文創，透過館藏文物與策展，領略斯堪地那維亞的藝術與文化
3. 結合體感技術（Motion Sensing Technology），與ABBA 合唱團在虛擬時空相會。

---

**ABBA 博物館**
地址：Djurgårdsvägen 68, Djurgården, Stockholm
電話：+46-8-12132860
網址：www.abbathemuseum.com

## 跳舞女王們，一起跳吧！

　　深知如何在演出時，創造驚喜的樂團 U2，1992 年，隨 Zoo TV 巡迴來到斯德哥爾摩，特地邀請 ABBA、原詞曲創作人 Bjorn 及 Benny 一起表演〈*Dancing Queen*〉。

　　換掉原有的華麗裝飾音，重新編曲之後，重裝上台，仍迷惑台下上萬名觀眾，即使音樂已經停止，台上搖滾成員也下了台，搖滾客觀眾們仍情不自禁地搖滾，齊聲哼唱：「喔、喔、喔」的和聲。

這感動人心的畫面，不過是〈*Dancing Queen*〉傳奇的一小段插曲而已。

每響起〈*Dancing Queen*〉的前奏，就能讓不同世代的粉絲，血液湧湧地滾動起來，覺得自己依舊年輕、快樂。英國 BBC Radio 2 電台的 DJ 克里斯（Chris Evans）曾說，在溫莎城堡的一場演唱會，當〈*Dancing Queen*〉音樂響起，英國女王伊莉莎白二世便告訴他：「每當這首歌一播放，我就會跟著音樂跳，因為我是『女王』，而且我也愛『跳舞』啊！」

青春是什麼呢？年輕時我們不會意識到它的存在，當慢慢地失去、慢慢地走遠之後，或許是一張照片，或許是一首歌曲，透過時空膠囊，才恍然大悟，曾經青春的事實。

聽〈*Dancing Queen*〉的第一句「Friday night and the lights are low」（週五夜晚，燈光昏暗）膾炙人口的歌詞，整個人就不知不覺地隨歌曲的旋律，扭動起來……

精神煥然一新，就像塗抹上時空膠囊、改頭換面了，穿越時空，再次回春了。

回到那一年、第一次在黛安娜地下舞廳，開場跳的這一首〈*Dancing Queen*〉，昏暗燈光中，瞥見那一個天真樂觀、充滿自信的青春女孩，搖身一變成為跳舞女皇，又重現了！

| | |
|---|---|
| You are the dancing queen | 妳就是舞后 |
| Young and sweet | 年輕而甜美 |
| Only seventeen | 只有 17 歲 |
| | |
| Dancing queen | 當上舞后 |
| Feel the beat from the tambourine oh~yeah | 感受鼓聲的節奏 |
| You can dance | 妳會盡情舞動 |
| You can jive | 會盡情搖擺 |
| Having the time of your life | 盡情享受妳的人生 |

# 北歐知名的童話：
## 安徒生、阿思緹、朵貝楊笙

◀ 1869 年的安徒生。

### 丹麥　安徒生（**Hans Christian Anderson, 1805-1875**）

　　丹麥文學家安徒生，他的作品包含詩集、劇本、小說、遊記，但最為世人所知的是他超過 150 篇的童話創作，對

「現代童話故事」影響深遠，像是：〈國王的新衣〉、〈人魚公主〉、〈紅鞋子〉、〈醜小鴨〉、〈賣火柴的女孩〉等等膾炙人口的童話，仍為世代家長床邊故事的好題材。安徒生出生於歐登塞市，是皮鞋匠之子，從小就展現對戲劇的熱愛，14 歲隻身前往首都哥本哈根尋求演出機會。他在哥本哈根四處碰壁，後來才在贊助者科林的支持下，獲得學識訓練和進修的機會。

1830 年接連出版三本《說給孩子們聽的故事》作品集，他以豐富的想像力，傳達對人生的奇想，喚醒世世代代人們內心深處，追尋夢想的勇氣。

他的童話世界裡，不光只有絢爛奪目、甜美的故事，也有不少令人驚怖的事物。像是嬌嫩纖細的拇指姑娘，遭到醜陋的母蟾蜍擄走；在逃脫後，轉眼間又被任性的金龜子挾持；母田鼠和鼴鼠則是想用另一種方式掌控拇指姑娘。

那些故事不再依循從前所寫的模式，從此公主與王子過著幸福美滿的日子、善良一定戰勝邪惡之類的預言。結局未必是圓滿、美好，也未必是永遠幸福的。

畢竟，現實生活和人性的醜陋面，有時也帶著另一種省思與不完美。那些魔咒、交換、懲罰或死亡，都不再輕如粉紅色的泡沫。童話想讓人看見而且願意相信世界的美好；但安徒生的某些童話故事，似乎拋出這樣的疑問：世界真的是那樣的嗎？如果不是，人們要如何才能獲得真正的幸福呢？

隨著年紀增長，我們變得越來越能理解安徒生的某些論調。像是《冰雪奇緣》中歌爾姐從牆面上看見的那些倏忽閃動的「夢影」，它們在夜晚時降臨，把人帶出去神遊一番。

夢境雖然沙沙地掠過去，卻不禁讓人眼花撩亂，像是隨時都
要坍塌那般。

不論在夢中或是夢醒之後，結果會是什麼，都留給讀者
自己去猜想了。

安徒生在某些故事中強調宗教的力量，某些故事又流於
感傷和悲情。無論如何，他確實是將自己的內心深處，丟進
故事之中，面對問題沒有標準答案，讀者不必用理性去回
答，全憑個人的感覺去探索。

他總是嘗試從不同的角度寫作、用不同的體裁，借用其
他作家的形式和思想，將自己的人生經驗套入故事之中。讀
他甜美的童話故事，心情歡暢，讓人一夜好眠；但安徒生某
些童話的情節和結局，卻把讀者嚇到，就像聽到療癒的音
樂，乍然闖入嚇人的怪獸，一時間措手不及。

安徒生是個充滿渴望的孩子，就像他寫的賣火柴的女孩
一樣，回不了家，但在夢中看見那些美好的事物：祖母張開
雙手迎接她，滿滿的食物、溫暖的火爐等等。之後，他又化
身人魚公主，無法說出他的愛而飽受折磨，還得眼睜睜地看
著那些戀人們彼此擁抱。

安徒生說：「僅僅活著是不夠的，我需要自由、需要想
像，還有用筆寫出我生活裡沒有的事。」安徒生擁有創作的
夢想和堅持不懈的心，讓他成為不朽的傳奇，過一場如童話
故事般的人生。

一如他曾說：「我的人生是一則童話，精采而幸福。」

## 瑞典　阿思緹林格倫（Astrid Lindgren, 1907-2002）

　　瑞典的國寶級作家阿思緹，在鄉村成長，一如她筆下的女孩們一樣聰明勇敢，滿腦的鬼點子，但也因此吃足苦頭。19 歲時便未婚生子，為了生活，又將孩子送到哥本哈根寄養，自己學打字、速記，四處打工。

　　她不僅從故事中關懷孩童，更積極關心社會議題，致力於兒童權益與動物保護法條，曾以一篇童話寓言體〈金錢世界裡的磅礴婆沙〉（*Pomperipossa in Monismania*），諷刺瑞典政府的新稅法。

　　《美國的凱蒂》一書，則表達她對美國實施種族隔離主義的反感，這樣豪爽的氣魄，不僅有別於創作者、尤其是童書作者多數為政治不沾鍋的傳統，更以自身作為，直接展現在她的故事中，化為聰明、勇敢、正直、溫柔，勇於對抗強權、保護弱勢的女孩角色。

　　最膾炙人口的作品《長襪皮皮》（*Pippi Långstrump*）系列，是她婚後，在女兒生病時，開啟了創作的動力，也從此展開

▲ 1960 年的阿思緹林格倫。

林格倫身兼童書作家、童書編輯的美好年代。

從一開始就顛覆一般人對古靈精怪小蘿莉的美少女印象，「她有一頭和紅蘿蔔一樣紅的頭髮，鼻子形狀像小小的馬鈴薯，嘴巴很大很寬，滿臉雀斑，紮著兩條像沖天炮的辮子，不過，一口白牙看起來倒是很健康。」長襪皮皮，以一種完全超出成人審美觀的狂野率性形象出現，

「皮皮本來打算做一件藍色的衣服，藍布不夠，她又用紅布束補一塊、西補一塊，兩條腿上穿著一隻棕色，一隻黑色的長襪。腳上穿著一雙大黑鞋，比她的腳大上一倍。」

《長襪皮皮》中，皮皮睡覺時，把腳放在枕頭上，把頭埋在被窩裡，皮皮的理由是：「這樣我的腳趾頭才可以動啊！」當你讀到這些故事，心想這不是女版的《湯姆歷險記》嗎？

即使以現代的教養眼光看來，皮皮這女孩和自己的孩子交朋友，不就要天下大亂了嗎？但卻受到瑞典讀者的喜愛。

皮皮母親早逝，父親在海上被大浪捲走，她於是帶著父親留下的財產，她唯一的家人就是那隻長尾猴，皮皮不進育幼院，還是照常過得很開心。別人問她為什麼倒退走路時，她回答：「我們不是活在一個自由國家嗎？我愛怎麼走，就怎麼走！」

故事裡的家長們覺得「為了孩子好」，皮皮非得進育幼院不可；但故事外的家長們，則期待皮皮最後找到幸福的寄養家庭，或者在學校碰到好老師，春風化雨般地教導她。

在學校裡學生應該要守規矩才對，但皮皮常問老師很多問題。例如：「你才剛說過七加五是十二，那麼八加四，怎麼也等於是十二呢？哎呀，我又說『你』了，我該說『您』

的，請原諒我！」之類讓老師好氣又好笑的故事。

創作《長襪皮皮》中活潑又勇敢的女孩皮皮的作者阿思緹，於2002年病逝於斯德哥爾摩，身後留下超過80本著作，是瑞典的國寶級作家，也是現代新女性典範。曾陪伴全球無數孩子的童年，她為何會寫出離經叛道的小女孩的故事呢？有部電影《當幸福提早來》（Becoming Astrid, 2019），就是根據她真實人生改編而成的。

阿思緹青少年時期在瑞典的小村莊裡成長，正如她筆下女孩，聰明、勇敢卻有著叛逆不羈的性格。在當地報社實習工作，卻突如其來地未婚懷孕，使家族蒙羞，阿思緹被迫將孩子祕密寄養異地。難捨與自己的孩子分離，阿思緹努力自學、打工，三年的分離，再重逢時，孩子卻不願意喚她一聲「媽媽」。

阿思緹靠著史多的愛心與耐心，修復母子關係。原本崎嶇的人生，她卻發揮豐富的想像力，變成有趣的故事。她開始給孩子說一個又一個有趣的故事，這些都成為書寫兒童故事的素材。一切的挑戰與心路歷程，她將之轉化成童話故事人物勇敢的性格。

在僵化的社會裡，她和筆下的皮皮一樣，保有心中那份純真、樂觀，即使生命充滿曲折挫敗，也有傷痛別離，她仍相信：永遠要調皮過日子，做最快樂的自己！

她開心地活在當下，常常做回孩子的樣式，天真無邪，盡情地在人間快意玩耍，她真實的生命經驗，與《長襪皮皮》一樣，帶給我們好多勇氣與歡笑。

## 芬蘭　朵貝楊笙（Tove Jansson, 1914-2001）

大家一定看過《嚕嚕米》（*Moomins*）的影片，「嚕嚕米」家族身材圓潤，有著大大的鼻子、圓滾滾的身材，可愛模樣融化大人小孩的心，很多人一直以為嚕嚕米是河馬，但其實牠真實身分是芬蘭森林裡的「小精靈」。

來自芬蘭森林的小精靈「姆米」，台灣的讀者或許更熟悉他的另一個名字——嚕嚕米。不論你看的是卡通、繪本或小說的嚕嚕米，還是影片的嚕嚕米，他總是陪伴大人和小孩，上演著千奇百怪的冒險故事，在我們歡笑的記憶之中。

Moomintroll 這個字，是朵貝楊笙小時候在半夜的廚房找東西吃時，舅舅想嚇唬貪吃的她，就說爐子後面躲著北歐傳說中的小精靈，從此以後，她老覺得床底下會傳來精靈刮床板的聲音。

小時候，朵貝楊笙全家總是在佩林基群島度過暑假，她和弟弟經常在度假區的戶外廁所牆壁上塗鴉，類似「嚕嚕米」小精靈的形象就這麼被畫出來，長相有點像哲學家康德，朵貝楊笙還在旁邊寫上一句「自由是最美好的」，嚕嚕米的故事就在自娛自樂的創作中被創造出來。

朵貝楊笙自 1945 年創造出嚕嚕米這個角色後，從傳統的民間文學汲取養分，將傳說故事、再創作，把北歐獨特的人文、大自然中神奇的精靈，賦於新的生命，在楊笙的畫作中不斷進化、創作，嚕嚕米就一直是陪伴小孩子成長、大孩子愛不釋手的最佳收藏品，老少咸宜的文創品。

1914 年出生於芬蘭的朵貝楊笙，父親是雕刻家，母親則是畫家兼設計師。兒時的楊笙喜歡沉浸在幻想中、愛開玩

笑、總是惡作劇，和她筆下的角色「小美」如出一轍。

楊笙 13 歲時，就在雜誌刊載詩文與插畫，也創作諷刺畫針砭時事。1945 年，楊笙完成她的小說處女作《嚕嚕米與大洪水》，是現在世界知名經典的「嚕嚕米」系列開端。直到 1954 年，楊笙在倫敦的《晚間新聞》開始連載漫畫後，嚕嚕米熱潮才真正展開。據統計，嚕嚕米系列至今已有超過 34 種語言譯本。

在北歐與世隔絕的嚕嚕米谷裡，住著「嚕嚕米」一家人，身材圓潤、勇敢單純的嚕嚕米、溫柔又值得信賴的嚕嚕米媽媽、總是思考深奧哲學的嚕嚕米爸爸。森林裡的嚕嚕米谷裡，他和朋友對嚕嚕米谷附近的環境感到好奇，富有冒險精神，圍繞著他們的是千奇百怪的事件以及種種探險故事。

1952 年獲頒斯德哥爾摩最佳兒童讀物獎，1966 年榮獲兒童文學界最高榮譽的國際安徒生大獎，並於 1976 年得到芬蘭的三大官方勳章之一的芬蘭獎章，成為國際上代表芬蘭的作家。

2001 年 6 月 2 日，朵貝楊笙因病去世於芬蘭赫爾辛基，享年八十六歲。

然而，她用熱情和生命力，創作出的嚕嚕米奇幻世界，仍然以另一種方式，在全球各地源源不絕地重現，像是：手機吊飾、鉛筆盒、餐盤、杯子、衣服等等文創品，讓嚕嚕米再次被看見。

▲ 1956 年的朵貝楊笙與嚕嚕米娃娃。

Chapter 3

# 北歐導演

# 逼視信仰與死亡　英格瑪柏格曼

▲ 柏格曼（前方）和他長期合作的攝影師 Sven
Nykvist，1960 年。

　　一提到北歐，話題總會帶到它的社會制度，特別是所實
行的國家福利，提升居民的生活品質，還有高度的民主自
由，種族、性別平等，對自然環境以及推動動物保育等等，
都有他們的配套措施。

談到北歐的戲劇和電影，可說是名家名作輩出，像是戲劇大師易卜生（Henrik Johan Ibsen）、史特林堡（August Strindberg），電影則有神祕影后葛麗泰嘉寶（Greta Garbo），金獎女星英格麗褒曼（Ingrid Bergman）和導演柏格曼（Ernst Ingmar Bergman）等等。

電影讓觀眾認識到北歐先進美好的一面，近年更有另類吸血鬼電影《血色入侵》（*Let the Right One In*）、暢銷小說改拍的《龍紋身的女孩》（*The Girl With Dragon Tattoo*），從電影中了解到北歐文化的多元性和社會不完美的一面。

瑞典導演英格瑪柏格曼（Ernst Ingmar Bergman, 1918-2007），被譽為近代電影最偉大、最有影響力的導演之一。集編導於一身的他，電影作品超過60部，在他的影片中常見個人成長的影子，感受憂鬱與絕望，同時也發現歡笑與希望。代表作

▲瑞典國寶級演員英格麗・褒曼（1915-1982）。
▼瑞典傳奇演員葛麗泰・嘉寶（1905-1990）。

有：《第七封印》、《野草莓》、《處女之泉》、《假面》、《哭泣與耳語》、《秋光奏鳴曲》一部接一部將他推上電影神殿的頂尖位置，他的鏡頭美學也啟發費里尼、雷奈、高達、庫柏力克等同儕大師。

2018 年是他的百年冥誕，同年有一部紀錄片《柏格曼：大師狂想》（Bergman：A Year in a Life），讓影迷看見柏格曼不為人知的一面。身為牧師之子的柏格曼，自小受到父親嚴厲管教，到殘酷的地步，兒時的柏格曼曾因尿床被鎖在黑暗的衣櫥中，還有過被逼穿上女裝的受辱經歷。但自傳透露的內容讓人難以置信，究竟柏格曼是受虐兒，還是袖手旁觀的目睹兒？讓人費解。

然而，柏格曼把童年的記憶身份置換、拆解重組，成為後來電影的題材，不管是質與量都有驚人的水準，更讓人驚嘆大師的創造力。

柏格曼在拍電影是個「極權主義者」，在拍片現場不容許一點聲音，常常對拍片人員發飆，然而許多演員現身說法，卻能接受大師的指導，深感榮幸。幾乎所有的側拍帶，都可以看出柏格曼對演員的用心、求好心切，從完成的影片中，才可以看到不少動人的畫面。

忙於工作的柏格曼，感情世界可稱得上多采多姿，常常發生劈腿的事情。雖然沒有時間顧及妻子與孩子，但他不知道自己還有五、六個孩子這件事，讓我感到很吃驚。

柏格曼與演員麗芙烏曼（Liv J Ullmann）的感情關係最為人所知，他們未能共結連理，卻曾經有過甜蜜的生活。在鏡頭前，麗芙烏曼稱他為最好的朋友，絲毫未說柏格曼

▲麗芙‧烏曼與英格瑪‧柏格曼，1968 年拍攝。

的壞話。他們是一輩子的朋友，甚至在柏格曼生命最後一天，麗芙烏曼從挪威趕到瑞典法羅島，為了見柏格曼最後一面。

　　如同柏格曼本人所說：「做一個人，我是失敗了，但我要做優秀的導演。」身為世界唯一「超級金棕櫚獎」的得主，他啟發世界各國成就非凡的導演，至今只要一提到北歐的導演，影迷們應該直接聯想到柏格曼。

　　這世上沒有完美的人，柏格曼也是人，也有七情六慾，雖然他能拍出許多傑作，不過私下的生活並不如影迷想像中那樣完美。紀錄片看到大師的作品片段與私生活，但真正想窺探他的思想與回憶，還不如從他的作品著手。

## 《第七封印》（*The Seventh Seal*）

50 年代中期以後，柏格曼的電影主題明顯的轉變，開始呈現「宗教探索時期」，這時期最具代表性、使柏格曼聲譽達於全世界的作品，就是《第七封印》（*The Seventh Seal*, 1956）。

當年柏格曼以 35 天拍完《第七封印》，並榮獲 1957 年坎城電影節評委會特別獎。因為感覺到生命的空虛和上帝的飄渺，自己的人生似乎毫無價值，於是柏格曼想利用這個心境，拍一部有意義的影片，於是電影《第七封印》問世。

電影發生在 14 世紀黑死病肆虐、十字軍東征之時，人面對死亡的恐懼，向上帝和死神提出質疑。最著名的場景就是騎士與死亡的化身下西洋棋，他的生命取決於比賽結果。

劇中，不同類型的人面對死亡，有不同態度，其中最理想主義、也最悲壯的角色，要屬騎士。透過理想而悲劇性格的騎士，說：「為什麼上帝要把自己掩藏在不清不楚的承諾，和看不見的神蹟上呢？」

柏格曼對宗教的觀感，都是嚴厲、教條法規、懲罰的上帝，他痛恨這種信仰，但他找不到其他信仰的形式。他曾說：「我對上帝的興趣已經消失了，現在我只對人和人的行為有興趣。」顯然地，柏格曼認為，上帝像個隨時準備處罰人的法官，祂躲藏，故意不讓人找到。

如果你像柏格曼一樣對上帝的信心已經消失，又怎麼可能對上帝有直接地感應呢？「信仰就像愛上一個置身黑暗中，卻永遠不會現身的人，不管你多大聲的呼喚，他也不會出現。」

《第七封印》出自新約聖經最後一章的啟示錄，指的是在驚心動魄災難之前的旅程，會遇到不同考驗，像是：慾念、嫉妒、驕傲、憤怒、懶惰、貪婪、貪吃。不同的人在面對人生的困頓，有不同的表現方式，就像面對死亡時的審判，也要充滿盼望，凡信仰祂的必然得救。

騎士一路追索他心中的疑問：「空虛是一面鏡子，我看見自己，覺得恐懼、憎惡……我在等待解答。」騎士對信仰的根源、對上帝的存在、對生存的意義尋求答案。死神也在他追索答案的整個旅途之中，如影隨形。

騎士渴望知識，以理性探求信仰不可得。一路求真理的旅行中，他遇見一對對生命充滿熱情的夫婦，他們因「信仰上帝得到救贖」，騎士從旁目睹他們對生命的喜悅、對生活的單純，不可言喻的珍惜彼此與信心。

▲《第七封印》的拍攝現場，1957 年。

那是他在一片死亡虛無中，看到最單純、最樸實的啟示，一如聖經中說：「清心的人有福了，因為他們必得見神。」他苦苦地追尋救贖、四處奔波吶喊呼喚尋找已久的啟示。他決心追求各種救贖與死神拔河。

片尾，狂風暴雨、天際暗黑，眾人在模糊的曙光中，跳起死亡之舞，對世人而言，銀幕上不僅僅是影史的經典畫面，更是柏格曼徘徊在光影之間，對生命深沉的思索。

## 《野草莓》（*Wild Strawberries*）

柏格曼的電影常常直面死亡議題，或間接的以死亡議題質疑生命，更善用草莓做比喻，代表逝去的美好，電影《野草莓》（*Wild Strawberries*, 1957）就是其中一部。

每個人常以自己的生活體悟，來看待「死亡」，因此對「死亡」的感覺各自不相同。《野草莓》敘述風中殘燭的老醫生波里，看似漸趨平淡與世無爭的退休生活，但卻面對無法逃避的「死亡」。柏格曼將沒有指針的時鐘以及無人駕駛的靈柩馬車，放在夢境中，將過往的回憶與現實結合。

醫師可以使病人痊癒，但卻無法醫治心中累積的怨恨。在眾人眼中老醫生是受人推崇、德高望重的耆老，在他內心卻把自己封閉在孤單的想像之中。他想起年輕時，曾喜歡堂妹莎拉，但莎拉最後卻情歸另一人。雖然已成過往雲煙，但波里還是到莎拉曾住過的地方，讓他想起少女時期莎拉在屋外採野草莓的景象，往事又隨著回憶再次復活。

他的年邁母親，一如波里孤獨、念舊的性格，收藏自己孩子小時候的玩具，她卻無法原諒媳婦出軌的過往，糾結在

過去不安、悔恨的種種，就像波里醫生一樣，孤獨的心靈，但越往內心深處思索、越挖出寂寞不安的老靈魂。兒子艾伯特因為怕與老醫生的遭遇一樣，不願生小孩，導致醫生與兒子和兒媳的關係也不好。

一位生命將盡的老人獲得母校的榮譽學位，看似風光的至高榮譽，卻仍得面對自己「過不去」的往事，將生與死、愛與恨、熱情與冷酷、過去與現在，透過回憶、幻覺和夢境，不斷出現又消失，縈繞在接近死亡邊緣的老人腦海裡。

當下沒有期許，也沒有未來，但卻也不否定期許與未來，回憶有時是甜美、有時卻是酸澀，正如品嚐兒時的野草莓與當下的野草莓，雖然生命已步入遲暮，若能在死去之前了解「真相」的事實，走一次心靈救贖之旅，**指引人生一條自我反省的路**，會是很大的安慰。

## 《芬妮與亞歷山大》（*Fanny and Alexander*）

電影《分妮與亞歷山大》（*Fanny and Alexander*, 1982）以小男孩亞歷山大的眼光，來看一個家庭的故事。導演柏格曼曾在訪談中說：「《芬妮與亞歷山大》是關於壞人和好人的一齣肥皂劇。」

故事發生在 1907 年聖誕夜，瑞典的小城內有一戶人家，老祖母海倫娜、妹妹芬妮和亞歷山大及其父母奧斯卡和埃米莉，還有叔叔及嬸嬸，家族正享受美味的聖誕大餐，小孩們正期待著聖誕禮物，歡度著聖誕節。

父親奧斯卡經營一間大劇院，在排練《哈姆雷特》時突然中風，他將重任交代給母親埃米莉之後，就離開人世。一

家人歡笑過後，隨之而來的卻是生離死別，殘酷的人生。

　　父親過世之後，母親改嫁，卻是家庭不和睦的開始，繼父是當地的主教，照常理來看，他應該是慈悲為懷的信仰者，奈何卻是活在一板一眼的教條中。繼父嚴厲的管教方式，使亞歷山大與妹妹芬妮的童年過得壓抑、困惑，但充滿幻想。

　　《芬妮與亞歷山大》片中，有兩個不同家族，一個是亞歷山大生父家族，另一個是亞歷山大繼父一家人，兩種截然不同的生活態度。生父家族開朗大方，繼父對家人有強大控制慾，他把身邊的人緊緊掌控在手中，孰不知愛與信任，在生活中有多重要，讓我們一起經歷原本歡樂的戲劇家庭，經歷家暴、逃離等不堪的過程，轉變為灰色、壓抑的生活，像是度過一場成長的冒險故事。

　　人總喜歡看戲，透過戲台的快樂，使我們忘記真實生活的痛苦，然而真實世界有善良也有邪惡，有愛也有恨，有歡笑當然也有悲痛。

　　人生正像是劇中舞台的一齣戲，你想演哪一個角色呢？我們都曾經歷過其一其二，但我寧可演出快樂的那一部分，就像劇中的一段對白：「親愛的演員們，唯有你們能使世界變得神奇，使人們得到歡愉。世界充滿罪惡，罪惡像瘋狗到處亂竄，誰也跑不掉，讓我們能歡樂時盡情歡樂吧！」

　　歡樂時何妨盡情歡樂，剎那間一過之後，歡樂不再，空留遺憾，何苦呢？

　　我們一生中，都在找尋自己的身影與記憶，一如導演柏格曼，他用電影《芬妮與亞歷山大》回憶自身成長。柏格曼

在一連串否定：否定人性、愛情、婚姻、上帝，否定人與人之間的愛之後，寄情於舞台的世界。在不真實的世界中，演出一切的可能，以此自娛。展現他心靈深處的追求與渴望：和解，包容，寬恕，體諒，與超越死亡的愛。

人生在世短短十數年，死後只剩下空洞，什麼都沒有，計較太多又有何用？看開一切也就釋懷，畢竟所經歷一切的喜怒哀樂，都將是一場虛幻的夢魘。

劇中，老奶奶一邊撫著懷裡的亞歷山大，一邊說著：「任何事都有可能發生，時間和空間並不存在。在現實的混沌之間，發揮想像力，嶄新的就藏在其中。」

你想演好自己的人生嗎？你想扮演《芬妮與亞歷山大》劇中哪一個角色呢？我們每個人終將離世，在還沒有躺下、起不來之前，永遠不知道自己人生劇情的結局為何。

何妨在活著的時候，發揮想像力，揮灑出美好的生活。

▲卡爾・拉松（Carl Larsson）的《*Julaftonen*》，描繪了 1900 年代的瑞典聖誕節。

# 超現實荒誕喜劇美學　洛伊安德森

◀洛伊安德森，攝
於 2008 年。來源：
Magnus Fröderberg
（norden.org）。

　　瑞典導演洛伊安德森（Roy Andersson, 1943-），他執導
的電影包含《瑞典愛情故事》（1970）與《二樓傳來的歌聲》
（2000）。

　　在《二樓傳來的歌聲》（*Songs from the Second Floor*）

這部電影中，安德森使用長鏡頭來表現荒誕喜劇，諷刺僵固的瑞典文化，因而打響他的個人風格，被稱為「瑞典的費里尼」。

洛伊安德森生於 1943 年、瑞典哥德堡，1969 年從瑞典電影學院畢業後，執導生平第一部電影《瑞典愛情故事》（*A Swedish Love Story*），描述年輕人的愛情故事，獲得很大的迴響，在第 20 屆柏林國際電影節首映，並榮獲四項大獎。

他拍片生涯 30 年來，執導超過 400 部廣告和兩部短片，但只執導過五部電影長片，安德森也遇過票房與口碑不佳的時期，像是黑色喜劇片《旅店怪咖》（*Giliap*）失利後，轉接商業廣告片，長達 25 年。在 2014 年，以作品《寒枝雀靜》贏得第 71 屆威尼斯影展金獅獎。

千禧年之後，洛伊安德森再重出江湖，陸續拍出《二樓傳來的歌聲》、《啊！人生》（*you, living*, 2007）、《鴿子在樹枝上沉思》（*A Pigeon Sat on a Branch Reflecting on Existence*, 2014），被稱為超現實的經典人生三部曲。

## 橫跨 14 年的「人生三部曲」

《二樓傳來的歌聲》是一部寓言式的黑色電影，經濟蕭條的城市裡，街道被車子擠爆，人們目光呆滯地上演可悲又荒誕殘酷的情節。如同超現實畫一般的攝影風格美學，面目僵硬卻突梯的演員表演，荒謬諷刺出世界的喜悲，《啊！人生》中一景一鏡的表現方式，沒有任何特效，堪稱一絕。劇

情以不同時間、不同的人，對感情的一種態度，維持洛伊安德森一貫的幽默感與荒謬。

轟炸機來襲的恐懼，面對電椅死刑的驚悚過程，在天際翱翔掙脫地心引力束縛的自由自在，年輕女孩與心愛的吉他手的婚禮，

平凡人面對脆弱的生命也保有希望，即使掙扎也不願放棄，人生不就應該如此嗎？

繼《二樓傳來的歌聲》、《啊！人生》之後，導演又有作品《鴿子在樹枝上沉思》問世，贏得 2014 年威尼斯影展金獅獎。很有哲思的片名，是來自 16 世紀的荷蘭畫家布勒哲爾的名畫《雪中獵人》，畫中描繪一群獵人打獵歸來的場景，其畫有樹枝上停著幾隻黑色的鳥兒，意味著我們的所作所為，可以有不同的方式來表達。

故事以兩個販賣娛樂用品的銷售員拜訪不同的店家與人展開，一路上碰到不同的路人，但他們希望幫助這些人開心。你已經分不出是喜劇還是悲劇，因為故事中人物的荒謬生命，不管是對男學生有遐想的女舞蹈老師、邊邊的家庭主婦、準備舉槍的老人和動物實驗室裡的女人等人物，都拿起起電話說：「聽到你很好，我很開心。」

其中一句話：「聽到你很好，我很開心。」讓人深感窩心。在冷漠的社會氛圍中，人與人的疏離、漠不關心，這句話搖醒我們沉睡已久的關心，這麼單純、卻是人人想接受到的訊息。

▲夏卡爾的畫作《城市上空》（*Above the Town*）。

## 千日千夜 人間故事無窮盡

　　無奇不有之事每天都在這世上發生，天天都有人哭、有人笑，有人死亡、有人受傷、有人歡樂、有人悲傷，不斷地循環、周而復始。生命中總是不斷重複這些喜怒哀樂，想逃避、卻也逃不了，無人能倖免。

《千日千夜》（*About Endlessness*, 2020），再度以導演擅長的荒謬喜劇方式諷刺社會現象。電影以一千零一夜為靈感，訴說無窮盡的人間故事。

面對不同人事物，或是不同階段面臨不同考驗，若能看透其實我們存在這個宇宙時空的一瞬間，是永恆、也沒有什麼值得我們太在意、太執著的人事物。

電影以「我看到一個男人」、「我看到一個女人」做為開場，旁白娓娓道來城市的故事，有關人性、有關不真實的夢境、有關歷史事件、也有關悲歡離合的故事，直到美麗的城市被轟炸、被毀滅為止。

因信仰而迷惑的牧師，扛著十字架被鞭打；戰爭失去雙腳的士兵當起街頭藝人；孤單的返鄉女子無人迎接，落寞地佇立車站；一對夫婦漂浮空中，望著戰火綿延的城市。

脆弱的人如果察覺到脆弱的存在，就會尊重和謹慎地保有自己現在所擁有的，那是一種懷有希望來面對人生的態度。

《千日千夜》以俄國畫家夏卡爾的畫作《城市上空》（*Above the Town*）為其冥想，特別有意思。想像能飛在天空中，是多麼神奇、雀躍的事！

在來來去去的人世間，劇中人物說出自己的故事，你可以感受人生不同的滋味，然而，生活仍然繼續，何妨雙手交錯、用愛與溫柔，將沉重的肉體飛揚起來，在我們的上空飛翔，去享受美好的樂事，即使在即將摧毀的城市，但這就是人生。

電影像是他鞋子上的一塊寶石，除了電影之外，他害怕生活中所有的事物。

# 真槍實彈的極端寫實風格　拉斯馮提爾

一提到丹麥的導演，就會想起拉斯馮提爾（Lars von Trier），是丹麥最具創造力的電影導演，也是近 20 年來最受矚目的北歐導演之一。他曾說：「電影就應該像是你鞋子上的一塊寶石」，他認為電影人必須創作原創的藝術，使自己的影片不拘一格。

　　「逗馬 95」（Dogma 95）就是他創作美學的表現，雖然只有這部《白癡》（*Idioterne*）算是完整地實踐他的宣言，但是他在其他作品中的形式探索絕對不容抹煞。1995 年他與丹麥製片人彼得詹森（Peter Aalbæk Jensen）一起發動電影運動「逗馬宣言」，讓國際影壇對丹麥電影產生濃厚的興趣，也啟發全球的電影人。

　　有別於大規模商業電影的製作模式，追求寫實主義風格。逗馬宣言具體的內容如下：

> 手提攝影；實景拍攝，不用布景，道具；不使用無源的音效；彩色片，不使用特殊燈光效果，若現場亮度不夠，可在攝影機上加頂燈；不使用濾鏡；不使用表面化處理；以現代為故事發生背景；不拍類型片；35 釐米膠卷；導演名字不能出現。

　　馮提爾 11 歲那年，拿著父母送他的超 8 攝影機，拍攝人生第一部作品，自此之後以獨立創作走闖江湖。1979 年，馮提爾考進丹麥國家電影學院（National Film School of Denmark）。

　　他在 1984 年完成第一部長片作品《犯罪分子》（*The*

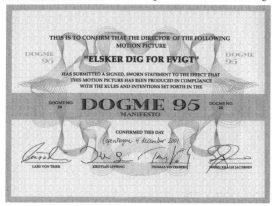

Element of Crime）。這部融合黑色電影與德國表現主義的雙重風格影片，立刻獲得國際藝術電影界的強烈關注。

在電影學院期間，他拍攝《Nocturne》、《The Last Detail》這兩部作品，結果都獲得慕尼黑電影學院國際影展的最佳電影獎，他的畢業作品為《Images of a Relief》。

畢業後，他接連拍攝所謂的「歐洲三部曲」：《犯罪分子》（The Element of Crime）、《瘟疫》（Epidemic）、《歐洲特快車》（Europa）。其中，《歐洲特快車》進入坎城影展主競賽單元，並且獲得評審團獎獎。這三部電影也極具拉斯馮提爾個人風格，導演史蒂芬史匹柏也因馮提爾的「歐洲三部曲」邀請他到美國拍攝一部影片，結果竟被他拒絕了。

他曾拍攝《醫院風雲》，以丹麥的國王醫院為背景，Riget 是一般稱呼該醫院的暱稱，這兩部迷你影集，在丹麥叫好又叫座獲得極大迴響，之後被剪輯成 5 個小時的電影版本，曾在台灣上映、發行，後來由於主要演員相繼過世而未

繼續拍攝續集。

　　拉斯馮提爾的身世頗為傳奇，他一直認為親生父親是烏爾發揑爾（Ulf Trier），直到母親臨終前才告訴他，其實是自己和老闆偷情才生下他！馮提爾的母親是共產主義者，父親是社會民主黨人，兩人都是裸體運動愛好者，所以馮提爾年輕的時候就參加過裸體夏令營。

　　自幼父母對他沒有太多管束，他們認為孩童成長不需要紀律約束，這對拉斯馮提爾的個性發展、藝術創作有很大的影響。也由於他的家庭背景，馮提爾自幼就形成一套迥異於常人的行為準則。他曾經做過很多荒唐的事情，但同樣不妨礙許多知名人士對他的狂熱追捧。

　　從小就在一個無神論家庭長大，父親雖然是猶太人，但沒有任何信仰。看電影是他最喜愛的興趣，他認為在電影中，可以接觸家庭和學校裡學不到的東西。

　　入學之前以「拉斯提爾」為其名，就學之後，他的同學給他取名「馮提爾」的雅號。「馮」這個字，在德語中代表貴族血統，不論「拉斯」還是「提爾」，在丹麥都是司空見慣的名字。也有報導說，馮提爾在自己姓前面加上「馮」，是為了向艾立希馮史卓漢姆（Erich Von Stroheim）、約瑟夫馮史登堡（Josef von Sternberg）這兩位國際著名影人致敬，而這兩位影人在姓之前的「馮」字，也是後來才加上去的。

## 舉世聞名的金心三部曲

　　拉斯馮提爾的「金心三部曲」（*Golden Heart Trilogy*）分別是：1996 年的《破浪而出》（*Breaking the Waves*）、

1998 年的《白癡》（*Idioterne*）、2000 年的《在黑暗中漫舞》
（*Dancer in the Dark*）。

　　當年在坎城影榮獲評審團大獎的電影《破浪而出》，是
馮提爾與女星艾蜜莉華森（Emily Watson）合作的片子，她
因這部影片被提名奧斯卡最佳女主角，本片就是以手持、粗
粒子的攝影原則之下拍成。

　　他個人特別鍾情於 1998 年《白癡》，為此還克服空間
恐懼症，乘火車從丹麥到坎城、出席影片展映活動。這部
片可說是把寫實風格推進到極致，尤其是片中的實戰做愛
戲，興起日後藝術電影界的一波真實做愛狂潮。不僅如此，
1998 年，馮提爾的公司成為全世界第一家拍攝硬調色情影片
（hardcore）的主流公司。

　　2000 年，馮提爾與冰島女歌手碧玉（Björk）合作影片
《在黑暗中漫舞》，這部以 DV 拍攝的歌舞片，出人意料地
獲得坎城影展金棕櫚獎，碧玉在片中演唱主題曲〈*I've Seen
It All*〉中，是全片最亮眼的橋段。

　　電影結合音樂、歌舞，將那位非法移民小人物，面對有
口說不出的悲哀，以歌唱支撐它為孩子付出力量，即使遭到這
個社會背叛，依然選擇犧牲自己成、就孩子的未來。點亮在黑
暗之中的一絲光明，唯有看透一切，留下希望已了無遺憾。

## 差強人意的美國三部曲

　　馮提爾的美國三部曲：2003 年的《厄夜變奏曲》
（*Dogville*），2005 年的《命運變奏曲》（*Manderlay*）、《性、
手槍、俱樂部》（*Dear Wendy*）。

他與妮可基嫚（Nicole Kidman）合作完成三部曲的第一部《厄夜變奏曲》，片中沒有任何布景，全部在舞臺上拍攝，只以不同的線作建築區隔的標記等等。

　　2005年完成二部《命運變奏曲》、《性、手槍、俱樂部》。《命運變奏曲》用國際知名演員，哈莉葉安德森（Harriet Andersson）、洛琳白考兒（Lauren Bacall）、詹姆斯肯恩（James Caan）、丹尼葛洛佛（Danny Glover）、威廉達佛（Willem Dafoe）這些風格迥異的演技，為影片帶來不同凡響的演出。

　　馮提爾的影片《性、手槍、俱樂部》，馮提爾的逗馬兄弟湯瑪斯凡提柏格（Thomas Vinterberg）擔任導演，他親自撰寫劇本，好萊塢新人傑米貝爾（Jamie Bell）、比爾普曼（Bill Pullman）主演，影片主要探討濫用槍支問題。

　　雖然是美國三部曲，討論的皆是美國社會問題，但都沒有在美國拍攝，也拍得極端的風格化，更甚的是，完全選用舞台劇的調度方式呈現，反應遠不如90年代那些作品那麼矚目。

　　2007年，馮提爾完成一部絕對自傳化的影片，《*The Early Years: Erik Nietzsche Part 1*》。由 Jacob Thuesen 執導，描寫馮提爾在丹麥國家電影學院期間的學校生活，除了 Jonatan Spang 扮演馮提爾之外，其他所有演員都是扮演自己現實生活中的角色，這些角色都是丹麥電影界的菁英。

　　2009年，《撒旦的情與慾》（*Antichrist*）馮提爾式的硬調做愛場面再度現身，連知名演員像是威廉達佛、夏綠蒂甘

斯柏（Charlotte Gainsbourg）都衝著馮提爾之名為戲犧牲，
真槍實彈上場演出，女主角甘斯柏最後榮登坎城后座。

這部影片描述一對失子的夫婦回到森林小屋，丈夫是心
理治療師，他為了試圖消除她的恐懼與不安，把她帶到一個
位於樹林內、像極伊甸園的小屋裡，展開治療。她的恐懼不
僅沒有消止，甚至蔓延到他的身上，夫妻兩人都無法避免自
然中的邪惡，邪惡戰勝了一切，治療終告失敗。

2013 年片長達五個半小時的電影《性愛成癮的女人》
（Nymphomaniac），由夏綠蒂甘斯柏、史戴倫史柯斯嘉、
西亞李畢福、傑米貝爾等人主演。因應上映需求剪修成兩部
作品，第一部於 2014 年在柏林影展首映，第二部則於同年
威尼斯影展首映。

故事以一個女人從出生到 50 歲的性慾旅程，赤裸裸地
探討人與性愛之間的關係，繁複而多樣，充滿野性與詩意。
當年柏林影展的影展主席就說：「拉斯馮提爾在《性愛成癮
的女人》所呈現出來性愛美學，大膽、前衛令人印象深刻。」

拉斯馮提爾由於家庭背景影響，自幼過著異於常人的生
活，儘管如此並不阻礙影迷們熱愛他所創造出來的作品。他
有嚴重的幽閉恐懼症，甚至無法坐火車，為此，當年還差點
錯過接受金棕櫚獎的頒獎典禮，據說他都以陸上交通工具為
主，所以曾從北歐丹麥一路開到法國坎城。

但對於電影創作，拉斯馮提爾一直不斷地突破、創新，
他不喜歡被電影元素所限制，一路往「驚世駭俗的天才導
演」的頭銜而努力。

Chapter 4

# 北歐電影

# 《狗臉的歲月》 重溫天真的童年

　　高中時期曾看過一部《狗臉的歲月》（*My life as a dog*, 1985），每當小男孩寂寞、傷心、快樂、想念媽媽的時候，他總愛仰望著星空，不斷地和自己對話，這樣一個敏感、細膩的鏡頭，讓我至今印象依然清晰。

　　那是一部有關成長的電影，從片名來看，應該是指小男孩的成長，就像小狗一樣，純真、好奇，體驗著自己的人生。本片貫穿著那隻被放到太空船上的「太空狗」萊卡，和他的寵物狗西卡，都與這個男孩的生命息息相關。

　　主角是 12 歲的男孩英格瑪，是一個尋常的鄰家男孩，聰明伶俐、活潑好動，跟小狗一樣可愛，然而他在家裡從來沒有人重視。因母親患有重病長年臥床，沉悶的家庭氣氛使得英瑪原本活潑調皮的個性逐漸變得安靜抑鬱，跟最愛的小狗西卡相處成為他最快樂的時光。

　　父親在赤道附近載運香蕉，母親整天臥病在床，他的哥哥老是戲弄他。父親離家，母親又長年為疾病所困擾，兩個小男孩根本不能融洽相處，經常在家裡打鬧，不堪其擾的母

想起那段「狗臉的歲月」，就像一條被人遺棄的狗，汪汪汪汪汪汪

親決定將他們分別送到親戚家寄養，英格瑪被迫送至鄉下的叔叔家寄居，這是他第一次感覺到被拋棄，由於無法帶著小狗同行，這也是他人生第一次必須拋棄最愛的小狗。

鄉村生活是那麼怡然自得，英格瑪開始學習在截然不同的環境下生活。他也認識各式各樣的新朋友，逐漸懂得什麼是歡笑、什麼是死亡、何為快樂、何為沮喪，在他小小的腦袋裡，周遭生活開始產生變化，逐漸看到另一片廣闊的天空。

## 吠叫，成為他抒發的一種方式

那段「狗臉的歲月」卻成為英格瑪未來人生重要的歷程，他常常戲稱自己就像一條被人遺棄的狗。

當英格瑪知道心愛的狗死了，他就此告別了童年。常常想到會撒歡、會惡作劇的小狗西卡，永遠留在心靈迷宮的某處，懷念死去的寵物。

孩子就此變成少年，繼續過著迷宮般的人生，如往常一樣探索人生的旅行。

舅舅扮狗，開啟他用另一種方式紀念他的小狗，他時常扮作西卡。這種方式就不再是一味地感傷。如果複雜的生活和突如其來的意外，超出你能理解的範圍，何妨用另一種方式處之，像英格瑪使以無解對抗無解，用西卡吠叫的方式，成為與自己妥協、想念西卡的方式。

孩子的模仿成為一種讓人傷感的才能。英格瑪吠叫的時候，是帶著微笑，因為外在而來的不知所措，他用他的方法改變心情，不在乎他人的悲喜，只是調適自己的心情，這樣的改變帶給他一些盼望。

## 邊看星星，邊想心事

擅長拍攝兒童電影的導演萊斯‧哈爾斯特龍（Lasse Hallstrom），用兒童的視野，來說男孩成長的故事。英格瑪與母親之間，那種親子之間的情感，融合痛苦與快樂，讓人動容。每當他想跟媽媽說話的時候，她都會用一本厚厚的書，把自己的臉給遮起來，那些書太厚了，當他看到三十幾頁的時候，媽媽已經打開另一本了。

小男孩很喜歡看天上的星星，邊看星星，邊想心事。他曾說：「我想讓媽媽的病快點兒好起來，那樣的話，我就能讓我的小狗狗在屋子裡到處跑，也不會打擾到天天躺在床上看書的媽媽。」

除了傷感的一面，導演也注入男孩天真的一面，令人歡笑的一面，以一種較為輕快和逗趣的方式，來呈現小男孩英格瑪的詼諧。

「青春電影多半以愛情為啟蒙，以死亡為成長的標記」，《狗臉的歲月》中那位小男孩成長的心路歷程，有許多令人會心一笑的片段，也讓人重新思考生命的課題。

白雪的寒冬會過去，和暖的春天會再來，歲月劃過數十年歲之後，再看一次《狗臉的歲月》，又有不同的感受。有些電影不同時間再看一次，會有不同的感想。季節那一幕，在清澈的湖邊，男孩的媽媽躺在布椅上，他站在她身邊，把這一切都說給媽媽聽。

多麼敏感的小男生，那年他 12 歲，他的名字叫做英格瑪！

# 《就像在天堂》

「堅持我的執著與信念，在我活著的
每一天，我要感受我的存在。」

人前簇擁的偶像，人後卻孤獨不知所措？他如何帶領一群五音不全的素人唱出生命的樂章？歌唱竟然具有療癒的功能？一趟返回故鄉的旅程，竟然可以面對過去不堪的往事，重新獲得心靈的自由。

瑞典導演的這部《就像在天堂》（*As It Is in Heaven*, 2005），流暢地說出瑞典小鎮的人情世故，搭配優美的歌曲，我們看到心靈曾經受傷的人們，透過練唱的團體，團員從互相爭吵、責備，到後來擁抱彼此、疼惜彼此。

在外地闖出一片天之後，身體不適的音樂家丹尼爾，暫停原本的表演事業、回到生長的故鄉瑞典北方小鎮。在故鄉，鄉親並不知道他的名氣，使他活得更自在。牧師邀請他到教會指導唱詩班。本想回絕的丹尼爾，卻又無法推掉唱詩班的請求。在純樸的教會團體中，很自然的互動，好過在都市生活彼此勾心鬥角。

他開始指導唱詩班後，漸漸找回原有對音樂的喜悅，與這群詩班成員的互動，開啟一連串生命與生命的對話，詩班

成員們時而衝突、時而安慰、時而哭泣、時而歡笑，就像團
體互動的療程，進而找到彼此可以溝通的方式。

　　原來，有著典型藝術家性格的丹尼爾，情感澎湃，感觸
細膩，要求完美，卻又不諳人情世故，加上童年曾被霸凌，
14 歲喪母之後，在他內心深處留下一層陰影。在與詩班成員
之間的互動，剛開始常常格格不入，最後卻激盪出一曲生命
的樂章。

## 唱出自己內心的聲音

　　之前，詩班流於制式的排演，只有教條、乏味的演唱方
式，而成員間的互動也乏善可陳，丹尼爾進來擔任指揮之
後，帶動整個詩班的熱情和朝氣，有如電影名稱一般，置身
在天堂歡樂的氣氛。

　　主角丹尼爾曾對詩班成員說：「要找到最適合自己的頻
率，發自內心唱出自己的聲音。」劇中，在練唱時，詩班發
出嗡、啊之類的的樂調，一個又一個、一次又一次，一如他
們彼此的互動，越來越有共鳴、越來越有默契。

　　丹尼爾要大家唱出「自己內心的聲音」，讓所有成員都
勇於去面對、去嘗試，面對不爽的事、嘗試用心去表達，這
種抒發情緒的練唱方式，不帶任何做作、任何虛偽，全然一
吐心中的氣聲，可以是高音、可以是低音，讓所有人的心自
然而然發聲，彼此的心靈相連，使得整體有著同心一體的氣
氛。

　　詩班中，一位婦人蓋比艾拉（Gabriella），是一位被家
暴的受害者，丈夫打她的時候簡直不把她當人看，但她可以

忍下，只要丈夫答應、讓她去教會參加唱詩班，她便可以忍受這樣的不堪。沒想到家暴蓋比艾拉的丈夫，康尼，也正是小時候曾霸凌丹尼爾，導致他一生心懷恐懼的同一人。

兩個受害人，在一個小鎮碰面，彼此療癒。蓋比艾拉內心渴望掙脫，藉由歌唱得以釋放，丹尼爾發現蓋比艾拉有力的聲音，於是為蓋比艾拉寫了一首屬於她的歌，**「通往天堂的道路遙遠，但是我的執著與信念，必然領我走上正途。在我活著的每一天，我要感受我的存在。」**

蓋比艾拉最終選擇離開施暴的先生，追尋自己的人生。而丹尼爾也完成自己多年的夢想：創作激勵人心的音樂。

## 用心傾聽，內心的聲音

音樂不分男女、老少，讓人釋放自我，群聚練唱一首歌，發自心靈高歌，就像從天堂傳來的天籟，美妙、悅耳。

在這個世界上每個人都曾經歷苦痛，苦痛會使我們去傷害別人，忌妒別人，甚至傷害自己，有時人們並不是故意的。當我們用心傾聽，聽見彼此內心的聲音，我們才開始了解他人、釋放自己。

瑞典鄉村的教會詩班中，一群教友們，彼此交鋒、過招，訴說人們曾有過的不愉快童年、家暴、夢想、愛情等等，這些都可能發生在你我生活周遭，就因彼此真誠對待，一些生活中的難題大夥齊心面對、解決，找到折衷的方式。

《就像在天堂》是一部身心療癒、成長的電影。

# 《百歲老人翹家去》

> 事情想太多都沒有用，怎麼樣就怎樣吧，人生也是該怎樣就怎麼樣。

　　一趟旅行猶如一場人生旅程。看似不安於室、卻充滿活力的百歲老人亞倫，逃出養老院，透過一趟旅行，讓觀眾一起看他一輩子的「精彩人生」。

　　旅行的過程和人生過程，要發生一連串的事，才有趣，最好是能出乎意料之外。本片以誇張的喜劇方式，呈現一個「獨居老人」的旅行，正因如此，才充滿生氣蓬勃，不然看一個養老院的老人，垂危瀕死的過程，叫人情何以堪？

當一個人活到百歲，身邊的人一一離開，而自己卻留在這人世間，目送他們離去。嘗盡人生的百態的這位「獨居老人」亞倫，冬天住在淒涼的「雪地」郊區，然而他卻不甘「晚景淒涼」，爬出養老院的窗，（如同本片的英文片名描述），不帶走任何東西，兩手空空、消失、去旅行。

這部瑞典電影向瑞典名人諾貝爾致敬，以誇張的喜劇方式呈現。發明炸藥的諾貝爾（Alfred Bernhard Nobel）是瑞典最知名的人物之一，他生前販賣軍火致富，死後家族無後人繼承他的財富，而將其遺產拿來鼓勵專才之士，引為美談。

導演將「炸彈」元素帶入主角亞倫的一生，成為影片中敘事的重要意象：少年的炸彈，使他住進精神病院。青年的炸彈，使他與西牙獨裁者佛朗哥產生關連。中年的炸藥，他被史達林關進古拉格勞改營，甚至推動冷戰時期的美國，發明威力無比的原子彈！

在這部片中，只要有「炸彈爆炸」必有重大歷史事件發生，在西班牙內戰時期，亞倫不斷地炸毀橋樑；在太平洋戰爭時期，他介入曼哈頓計劃，推動美國原子彈的發明，間接地炸了廣島與長崎；在蘇聯，他陰差陽錯地炸毀勞改營，重獲自由。本片串聯 20 世紀國際曾經發生的重大事件，一如美國電影《阿甘正傳》，阿甘以乒乓球外交，與歷任美國總統會面的歷史鏡頭。

### 隨遇而安的豁達人生觀

《百歲老人翹家去》的故事似乎告訴我們，只是專注地

做自己想要達成的事，生命自然會帶引我們到達想去的地方。這老年的冒險沒有鋌而走險，倒有一種歲月沉澱之後，隨遇而安的感覺。

亞倫的出生平凡，也經歷淒苦童年，他父親是個充滿想像的人，總是積極地發表自己的想法，在那個保守的年代，並不受到重視。亞倫的父親很早就過世，他由母親撫養長大，但母親的遺言竟是「別像你父親一樣」，她說：「事情想太多都沒有用，怎麼樣就怎麼樣吧，人生也是該怎樣就怎麼樣。」

這句話一直印在他的心上，也造就他隨遇而安地過生活。

亞倫從養老院爬出來，拿著一個皮箱，他緩前行，走過墓地，然後回想起過去的自己，他露出愉悅的神情開始另一段旅程，生命力的召喚使亞倫邁開步履，蹣跚前行。

老年人也可以「離家出走」，即使困難重重，亞倫依然充滿樂觀，就從他「拿走」一個行李箱開始，沿路遇見全村公敵、博學馬尾男、飆髒話的大美人，還有跟亞倫很「麻吉」的大象等等人事物，不斷往前，不斷經歷，猶如公路電影一路駛向未知的前方。

雖說亞倫生命已走到遲暮之年，想著自己這一生走過的路，看著自己餘下的歲月，在生命盡頭的邊緣，他了無牽掛，當可數的人生僅剩下不多的日子，會更精準地知道自己到底想要什麼。亞倫這個百歲老人對人生處之淡然，路上所有的一切如浮雲，他一個人走出屬於自己的「精彩人生」。

# 《龍紋身的女孩》瑞典刺青女的逆襲

隨著主角布隆維斯特和莎蘭德彼此之間一起辦案,將開啟你懸疑、鬥智的雷達。

　　讀過或看過《龍紋身的女孩》相關創作之後，帶給我對北歐的驚奇，身為讀者，會驚覺作者拉森真的是故事高手。透過他的作品，開啟其他創作者的另一扇門，拍成電影之後，更把男、女主角的形象具體化。

　　曾是瑞典新聞記者，後來成為作家的史迪格拉森（Stieg Larsson, 1954-2004），是瑞典有史以來第一位兩度獲頒該獎項的作家。2008 年，他被選入英國《每日電訊報》「一生必讀的 50 位犯罪小說作家」之一。

## 傳奇型的作者　史迪格拉森

曾任職瑞典中央新聞通訊社 TT，他的文章常常針砭右派極端主義與探討女性受壓迫等議題，成績斐然。工作之餘投身反法西斯主義的活動，更積極尋求更廣大的讀者群，下定決心做一名全職作家。

1995 年，拉森創辦「Expo」基金會，並自 1999 年開始擔任基金會同名雜誌主編。由於他長期致力揭發瑞典極右派組織的不法行動，多年來一直受到程度或輕或重的死亡恐嚇與威脅。這部小說中的男主角，總是積極捍衛社會正義、不求個人名利，幾乎就是拉森本人的化身。

拉森從 2001 年開始撰寫「千禧」系列小說，2004 年完成三部曲後，竟不幸於 11 月因心臟病突發辭世，來不及看見他寫的首部曲《龍紋身的女孩》，系列小說售出全球超過 34 國版權，也轟動全歐。

全球暢銷作品《千禧年三部曲》系列，分別為：《龍紋身的女孩》（*The Girl with the Dragon Tattoo*）、《玩火的女孩》（*The Girl Who Played with Fire*）、《直搗蜂窩的女孩》（*The Girl Who Kicked the Hornet's Nest*）。其實拉森生前曾經聲明要將《千禧年三部曲》命名為《憎恨女人的男人》（瑞典名：*Män som hatar kvinnor*），對此拉森十分堅持。據聞拉森曾對瑞典出版商的編輯表明，書的內容都可以動，唯書名不行。可是拉森死後，這個遺願並沒有達成。

《龍紋身的女孩》作者史迪格拉森，將一位天才女駭客「莎蘭德」，塑造成謎樣角色：身材瘦削、全身布滿刺青、性情乖僻，但卻過目不忘、聰明絕頂，而且擁有高超詭譎的電腦技能與調查能力。

　　另一位男主角，《千禧年》雜誌主編布隆維斯特，一向以揭發企業醜聞為職志，卻栽在一個穿 Armani 西裝的卑鄙股市投機客手上，面臨牢獄之災與信用破產危機。一樁疑似小島密室的謀殺案，一個權貴家族的黑暗歷史，一場小記者對抗資本家的正義之戰，一段受害女子的復仇之路，交織成這部精彩絕倫的小說。來自瑞典，史無前例攻佔全球暢銷書榜，處處驚奇的辦案過程，令人拍案叫絕。

　　飽受摧殘卻意志堅定女主角的莎蘭德，超級女性主義戰士，與另一個較傳統的犯罪小說人物，也就是那個地位不保，但品德仍受肯定的調查記者布隆維斯特，他們倆聯手追凶，讓人愛不釋手，一頁翻過一頁的閱讀。

　　故事文本深深吸引我，你可以說這是一個描述貪腐深入骨髓的故事，是一個指涉政府與大企業驚人內幕的故事，也是一個出乎眾人意料之外的故事，一如所有傑出的驚悚小說。

　　拉森不偏不倚的平衡敘述，讓讀者堅守著對角色的忠誠之心，不斷地追著故事跑，想知道自己最在乎的人接下來會發生什麼事。

　　若有空的話，何妨拿一本書、坐下來，好好享受這趟北

歐式閱讀之旅。

## 電影懸疑　暴力加鬥智

這充滿懸疑、鬥智、暴力與人性關懷的犯罪小說，首部曲《龍紋身的女孩》，描述女駭客和正義記者相遇的過程，聯手調查一宗島上密室命案。第二部《玩火的女孩》揭露沙蘭德不為人知的過去，再次獲得全球讀者壓倒性好評。最後一部《空中的城堡》，則是作家拉森辭世前最後一部作品，也是女駭客沙蘭德故事的最終回。

小說在 2011 年改拍成電影《千禧三部曲 I：龍紋身的女孩》，上映後就受到全球影迷關注。由大衛芬奇（David Fincher）擔任導演，最後將角色選定後，充滿正義形象的第六代 007、詹姆士龐德的扮演者丹尼爾克雷格（Daniel Craig），演出這位道德感十足的記者布隆維斯特（Mikael Blomkvist）。

神祕女駭客絲貝茲莎蘭德（Lisbeth Salander）由魯妮瑪拉（Rooney Mara）主演。莎蘭德是被國家利己與社會虛偽制度戕害下的邊緣人，同時也是高智商的電腦駭客。她精明、聰慧卻脆弱，敏感而富有個性，在魯妮瑪拉的詮釋下，一出現就吸引所有人的目光，龐克的外型、滿身刺青，拒人於千里之外，卻是個恩怨分明，具有高道德感的女孩。

身軀嬌小，卻有著驚人的爆發力，遇到困難時會想辦法解決，遭遇挫折絕不輕言放棄的莎蘭德，與富有正義感的布

隆維斯特的搭檔：一高壯一瘦小、一老一少、一規矩一叛逆，反差十足。兩位演員的想法與做法雖然不同，卻都能互補，形成一種特殊的默契。兩個角色從一開始就爆發出特有的火花，讓觀眾跟著他們兩人一起辦案。

將小說搬上銀幕具象化，引人入勝的一連串謎底，也變得頗有說服力，你會跟著劇中人的腳步，一路抽絲剝繭，一起聯手破解一宗超過 40 年的迷離懸案。

透過莎蘭德與布隆維斯特，拉森創造一對讓讀者投入感情的非凡角色。從開始到結束都備受威脅，讓觀眾坐立難安。他們聯手偵破一連串撲朔迷離的兇殺案，懸疑、驚悚又峰迴路轉的劇情，更隱藏待解開的謎底。

驚險刺激的氛圍中，一切都岌岌可危的主角，帶給我們一場充滿刺激的閱讀之旅，也是充滿驚喜的觀影之樂，包裹著一個精采的老密室之謎，而其謎底更是高明的轉折，出乎意料之外。

整齣戲高潮迭起毫無冷場，深深擄獲世界各地迷哥迷姐的心。

## 《明天別再來敲門》

　　你相信「人在死前，往事將浮現在眼前」？當你老去之時，往事隨著印象歷歷在目，那是什麼樣的感覺？回顧童年、少年、戀愛、結婚、成家與老年的各個階段，把現實與回憶交織，是何等的感受？何等溫馨？何等遺憾？

　　儘管這世界變得讓我們越來越不熟悉，但人性溫暖、生命價值等等可貴情感，最後總會在某個時刻、某處角落綻放出來。

　　瑞典作家菲特烈貝克曼（Fredrik Backman）寫下這樣一本書，創下瑞典史上新人新書最暢銷記錄。電影《明天別再來敲門》（*A Man Called Ove*, 2016）改編自這本小說，得到當年「瑞典奧斯卡」金甲蟲獎（Guldbagge Award）最佳影片。這部充滿詩意、逗趣幽默的電影，描述一位晚年喪偶的男人歐弗，個性古怪，卻有一顆慷慨、不輕易示人的好心。因為失去心愛的太太，人生大受打擊，每天都活在憂鬱與哀悼的情緒裡。他死意堅定，一次次尋短，奇事卻一件件發生，不斷阻撓著他堅決的死意，意外激起他的鬥志。

一次次尋短的人，奇事卻一件件發生，死意堅定，卻意外活出讓人啼笑皆非的人生，哈哈哈。

## 回顧自己的一生

　　故事主角歐弗其實是個正義感超強、有為有守、值得信賴可靠的人。

　　自小生活艱苦的他，童年時期，媽媽已去世，爸爸是火車清潔員，是個不輕易表露悲傷的人。很盡職地照顧兒子歐弗，爸爸對歐弗的人生觀影響很深。從父親身上學到「人生就是勤奮工作」觀念，以及之於是非對錯的堅持。

　　在一次差點發生意外的鐵軌上，父子倆緊緊抱在一起，隔著銀幕，觀眾都能體會父親那股急迫、深切的愛。擁抱，給這對相依為命的父子更紮實的人生路。

　　接下來的生活事件：火車上的皮夾、火車工人的霸凌、學校沒有為身障者設置坡道、執法者強佔土地的冷血態度、私人照服機構的貪婪與霸道等等人性陰暗。導演揭示這現實社會較殘酷的一部分，雖然人間處處溫馨，但也有無可奈何的一面。

## 想死趁現在？

他的人生一次又一次化險為夷，曾經擁有過的美好，永遠縈繞心頭。隨著年紀的增長，孤單一人而活，卻一天一天地老去。當失去心愛妻子桑雅，面對孤單，無依的過活，他想死，他決定要以自殺來了結生命！

他再三嘗試不同的方式，吊死、廢氣、跳火車、舉槍，奇事卻一件件發生。

死意志堅定的歐弗，用過各種方式，布局得很用心，像是吊繩索、在汽車裡吸廢氣、站在鐵軌上、甚至舉長槍放在嘴裡等等精心安排的死法，沒想到閻羅王拒收他，每次都有意外事件。

命運捉弄他，忙著幫他製造麻煩與混亂，不斷打斷他堅決的死意。將他從死亡邊緣一再拉回這個讓他又愛又恨的人間。

連心臟有病，喘著氣被送入醫院檢查，也只是因為心臟比別人大，暫時沒事。每當歐弗決定好要自我了結的時候，總是會遇到門外來敲門的人。那樣的「遇到」和「碰巧」，讓我們看來好氣、又好笑。

當他準備在家上吊時，剛搬來的鄰居竟開車撞上他家，讓他氣得跑出門外理論。當他想引汽車廢氣時，鄰居竟然在這時摔斷腿，他只好護送鄰居妻女去醫院探望。當他跑去跳火車，火車乘客竟摔到鐵軌上，見義勇為的他又救了對方一命。

獨居的歐弗是社區裡的討厭鬼，想告別世界，曾一次次

試圖自殺，卻又因為「剛剛好」的敲門、其他意外的發生、他人的求助，而宣告失敗。一個求死、不開心於世、幾乎沒有朋友的歐弗，卻在鄰居每每有事發生時，剛好都在，好心的歐弗無法坐視不管。

被生命之神眷顧、珍愛的歐弗，只好跑去妻子墓前懺悔，等把這些麻煩事搞定，會立刻趕去相聚。然而，當他越想趕快安頓身後事，麻煩和意外卻越來越多，連一隻遍體麟傷的貓，躺在他家門口，面惡心善的歐弗也收留牠！

面冷心善的他雖尋死，卻因熱心社區事務，一再助人，而影響死亡的好時機。是宇宙神祕的牽引、上帝冥冥之中的眷顧，藉著歐弗的堅持與善意，感染周遭冷漠的人心。

隨著時間過去，真正能留在他身旁陪伴他的人，似乎都必須有擁有一種能力，那就是「維持著不被他的情緒所嚇跑，也必須能在關鍵時刻給他適度撞擊的人際距離」。當他與鄰居帕爾瓦娜家庭建立家人般的情感，他這一生曾經失去的愛，卻又重新回饋到他身上了。

歐弗的一生擁有美麗與遺憾，曾受父母呵護、曾有恩愛妻子跟可愛的孩子。孤獨與封閉的情感，讓他自暴自棄，全身充滿防衛，不想表達真正的感情，只好把自己封閉，拒絕和鄰居來往，卻又在峰迴路轉中起死回生，歐弗父親的期望、妻子的關愛，一生歡笑與心碎都編織在一起。

眼看歐弗告別人世的計畫，一延再延，但這個冷淡的社會，如果少了像這種他面惡心善的人，那有多無趣呀？

# 《海鷗食堂》

看完這部電影之後，一定要「認真工作，好好吃飯」

你看過《海鷗食堂》嗎？電影描述三個日本女人各自懷著孤獨、徬徨的心，來到芬蘭的首都赫爾辛基，不管是不切實際的夢想，逃避一切，還是隨遇而安的心態，彼此在北國相遇，因為飲食，因為家鄉的料理，讓她們變成好朋友。

在沒有客人光顧的日子裡，老闆幸江每天去市場採購，把店內打掃得一塵不染。某天，愛好日本文化的青年湯米，成了第一個踏進店裡的客人；接著，幸江又遇見同樣來自故鄉日本的小綠，問她，你看過《科學小飛俠》嗎？還記得怎麼唱嗎？

飛呀！飛呀！小飛俠。
在那天空邊緣盡情的飛翔。
看看他多麼勇敢！多麼堅強！

因為「雙眼一閉、隨手在世界地圖上一指」就來到赫爾辛基的小綠。還有搞丟行李而多留幾天的正子，後來毅然決

然地與束縛自己的舊環境告別，展開新生活，她吃了幸江手做的御飯糰，而變成好友。

她們為了擺脫一成不變的生活，不約而同地來到芬蘭冒險。幸江、綠和正子成為很有默契的工作夥伴，而海鷗食堂簡單樸實的美味料理，也漸漸打動赫爾辛基的居民。

這部平淡無奇的電影，只有簡單的故事，單純的角色，平實的料理。三個日本女人千里迢迢來到異地芬蘭，身心獲得療癒，變得幸福。不同的食客因為吃而喜悅、因為吃而產生共鳴，因為吃而譜出許多讓人回味的情節。

## 不可辜負美食與美景的人生哲學

在這個每年有超過三萬人自殺的社會中，越來越多人用吃來排解心情。而且有家庭也「不一定等於幸福」，反而是萍水相逢的路人甲乙產生情誼，因為「吃」，就算世界末日來臨，也要吃點好吃的食物。很神奇地，把人與人之間的關係重新串聯起來。

日本經歷大地震、大海嘯之後，許多人的生命被奪走，生活被毀壞，人生觀有所翻轉。正因為如此，人們才驚覺平淡的生活，才是幸福和寶貴的。

芬蘭的首都赫爾辛基是個靠海的城市，岸邊常有海鷗聚集，風光如畫。三個日本女人先後來到赫爾辛基的「海鷗食堂」，它們曾好奇的互問：「為何芬蘭人看來都很安靜呢？」

一旁的芬蘭男孩湯米，回答她們：「因為我們有森林！」

村上春樹曾寫過一本《挪威的森林》，讓人誤以為只有挪威才有森林，不只是挪威有森林，北歐各國也有不少的森

林，像劇中的正子還曾經到芬蘭的森林中去放鬆，採集美味的野菇類，芬蘭大多數的蘑菇都是在森林裡採摘而來的。採摘人之所以能自由進出私人森林，是因為一條芬蘭古老的習俗「jokamiehenoikeus」，意指「每個人的權利」，讓她內心充滿感謝。

這間「海鷗食堂」的透明玻璃和淺藍色的木板牆，寫著：ruokala lokki Puh,657 422。明亮的空間，從外面看進來一目了然。傳統的日式「御飯團」、一杯咖啡、一塊肉桂捲，作為餐廳的招牌菜。從剛開始空無一人，到越來越多芬蘭人願意坐下來吃點東西。

「再簡單的菜，也能充滿滋味。好的料理，不需要華麗的裝盤」其實，就是以最簡單卻讓人感到溫馨的料理，留住客人的心。走進來喝杯咖啡，吃塊剛出爐的肉桂捲，然後找個人說說話，還真是很放鬆、很療癒。沒有什麼煩惱是吃一頓解決不了的。如果有，那就多吃一頓。

看完這部電影之後，心想著「認真工作，好好吃飯。」很多看過《海鷗食堂》的亞洲影迷，特地安排一趟「說走就走的旅程」，來到芬蘭的赫爾辛基，還特地到 ruokala lokki Puh,657 422，這間拍片的餐廳。

而我卻是來總統府碼頭的碼頭旁，看看那隻大肥貓在不在？還有欣賞露天市場廣場，有沒有松茸、野菇之類的山珍，喝著一杯熱茶或咖啡、靜靜地欣賞海鷗隨飛翔，用心面對樸素的景觀，領悟劇中的滋味：「一茶一飯皆溫暖，人生處處皆修行。」

# 向《醉好的時光》致敬，Cheers ！

　　在 2020 年奧斯卡公布最佳外語片入圍名單時，正好是這本書收尾的階段，很巧的是本屆有一部北歐丹麥的影片《醉好的時光》（*Another Round*），正好在台北戲院上映，我就來一趟「跟著電影去旅行」了。

　　一般人對丹麥這個國家的印象，除了銀製飾品、皇家哥本哈根瓷器之外，再來就是嘉士伯（Carlsberg）的啤酒。電影《醉好的時光》由湯瑪斯凡提柏格（Thomas Vinterberg）導演，片中的中年男子，面對未來的迷惘和難解的困境，以喝酒作為媒介，來試圖改變自己的生活。

　　劇中主角馬汀說：「我的生活變得很無趣！」而在一場聚會中，有位大叔引述挪威心理學家芬恩斯卡路德的主張「在人體的血液裡，維持 0.05% 酒精濃度，不濫用、不過度依賴。」酒，就會是你我生命中的調適劑，生活中「醉好的時光」了。

　　四位中年大叔登高一呼，還以邱吉爾、海明威都愛喝酒作為他們的榜樣，就此展開一場「醉好」的瘋狂計畫。他們平日以頻繁飲酒，來提升自己血液裡的酒精濃度，每次都做記錄，希望透過酒精的催化，轉化中年頹勢、重新奮發起來，沒想到試過幾次之後，竟然出乎意料的好。

馬汀老師，原本對自己的教學方式失去熱情，看似平靜的婚姻與家庭生活，早已失去任何一絲火花，不管是在學校教書或跟家人互動，都顯得有氣無力，卻在酒精催化之下，彷彿一切獲得轉機。馬汀竟變得充滿自信，不僅活絡原先死氣沉沉的課堂氣氛，開始受到學生歡迎，也修補自己跟妻子原本逐漸走下坡的感情關係。

　　中年看似一場危機，青春又似一場短暫的夢，像是丹麥存在主義哲學家齊克果（Søren Aabye Kierkegaard）說的一句話：「青春為何呢？南柯一夢；愛為何呢？夢中的造物。」

　　其實，小酌怡情，大飲傷身，微醺之後，會讓自我的理性面稍微減弱，中年大叔們缺少的是年輕人的衝勁與熱忱，就如影片中那群青春洋溢的畢業生，正在進行環湖接力挑戰賽，看著年輕人揮灑汗水，盡情享受青春的輕狂，一路上邀請不熟識的路人甲乙，加入他們的狂歡活動，好不快活。

　　本片以喜劇來反映現實生活，但卻很生活化，各年齡層的朋友們，何妨下班之後買一手啤酒，或與情人共進晚餐時，點一杯紅酒，在酒精的催化下，可以藉著酒精心情歡暢。

　　在每個人的生命旅程中，總會遇到不同的問題與挑戰，唯有

勇敢面對自己的難處，才有機會去審視自身的錯誤、找到改變的方法。任何年紀的人，唯有保持一顆青春有夢的心，不管別人怎麼說、怎麼想，朝自己的夢想奮力一搏。就像片尾，主角馬汀大塊吃肉、大口喝酒，盡情忘我地舞出自己的舞蹈，他已經擁抱屬於他的生活了。

《醉好的時光》讓我們見識丹麥人另一種哲學思維，對生活、對酒精的瘋狂。趁著旅行可以暫時抽離現實的自己，下次到北歐，何妨親自試試「體內 0.05% 的酒精濃度」，真正擁有「醉好的時光」吧！

編註：2021 年 4 月 25 日頒發第 93 屆奧斯卡金像獎，《醉好的時光》獲得「最佳國際影片獎」。

本書照片由「五大旅遊」及作者提供。

下列圖片來源：

P27, Markus Trienke- Helsinki Main Station (CC BY-SA 2.0)
P40, Characters by Jansson Tove, toys designed by Atelier Fauni, photo taken by Helsingin kaupunginmuseo (CC BY 4.0)
P92-93, Pvalerio- Nyhaven, Copenhagen New harbor (CC BY 3.0)
P114, Magnus Fröderberg- Roy Andersson vinnare av Nordiska radets filmpris 2008. (CC BY 2.5 DK)
P149, Siebbi- Director Lars von Trier leaving the press conference of the film "Nymphomaniac" at the 2014 Berlin Film Festival. (CC BY 3.0)
P153, Dogma 95- www.kosmorama.org (CC BY-SA 4.0)

授權條款來自網站 creativecommons.org

# CENTURION®

## SUPER CENTURION 超級百夫長 系列

榮耀上市

**時代科技** — Technology
HINOMOTO
「航空級」萬向飛機輪

**業界第一** — The first
「TSA 008」
國際標準海關鎖

**畫龍點睛** — Highlight
「NIFCO」
脆聲型內扣

**壯闊內飾** — Interior
稀有「宮廷黑」內裡布
繡燙 CENTURION® 標準字

**人體工學** — Ergonomics
「玉山級」彎月型手把
及方點多段智慧拉桿

**極輕稱霸** — Lightweight
「PC材質」箱體
鵝絨級指數100%

**主動安全** — Anti-theft
雙層複雜咬合
「防竊拉鏈」工藝裝置

訂購專線：04-23367009
全台各大通路均有販售：
PChome、momo、高雄夢時代、昇恆昌、大潤發 (忠孝店 / 平鎮店)

北歐烘焙咖啡

# 馬瑞利 Maruili Bakery「真正的芬蘭燕麥麵包」

北歐人的幸福方程式＝重視工作效率＋盡情享受生活＋親近大自然

來自芬蘭的馬瑞利烘焙坊，希望為台灣帶來：健康、自然、友好！

**北歐式的幸福與健康 Falling love with Oates！**

最佳飲食方式著重在健康的價值觀和明智的生活方式選擇，而不是特定的食物。健康和幸福是一種生活方式。

馬瑞利烘培坊官網 https://www.maruilibakery.tw/
馬瑞利烘培坊 FB https://www.facebook.com/maruilibakery/

馬瑞利本店
地址：台北市文山區景華街 165-1 號
電話：2932-2252

LINE @wyy1859y
誠品信義 3F 知味市集

官網　　FB　　LINE

# Island Paradise
## KOROR.PALAU

# 翔翼環球WIFI蝴蝶機

一台專屬於你的全球通用WIFI分享器
出國前只需要點點滑鼠,訂購上網套餐!
下飛機→開機→連上網就是這麼簡單!!
一百多國通用,可多人同時使用,出國不用再煩惱取還機!

## 各國上網SIM卡

台北直營門市
台北市中正區北平東路16號10樓
02-7730-3111
週一至週五10:00~19:00
　　　週六13:00~19:00

台中站前直營門市
台中市綠川東街32號9樓之14
(青果大樓,民族路側電梯直上九樓)
04-2222-1365
週一至週五請先來電預約購買及取件、還件
或請於前一日18:00(下午6點)前進行線上預約

基隆港取還機 (開放時間依船班時間而異)
詳情請見官網
travel.aerobile.com

機場取還機
桃園一、二航廈

各地經銷處
詳情請見官網▶
aerobile.com

國家圖書館出版品預行編目資料

光影北歐：跟著電影去旅行/
黃作炎著 -- 初版. -- 臺北市：
聯合文學, 2021.5
200面；14.8×21公分. --（繽紛；231）
ISBN 978-986-323-384-8(平裝)

747.09　　　　　　　　　110006460

## 繽紛 231

# 光影北歐：跟著電影去旅行

作　　　者／黃作炎
發　行　人／張寶琴

總　編　輯／周昭翡　　　業務部總經理／李文吉
主　　　編／蕭仁豪　　　行　銷　企　劃／林孟璇
資　深　編　輯／尹蓓芳　　　發　行　助　理／孫培文
編　　　輯／林劭璜　　　財　務　部／趙玉瑩
資　深　美　編／戴榮芝　　　　　　　　　　韋秀英
版　權　管　理／蕭仁豪　　　人　事　行　政　組／李懷瑩

法　律　顧　問／理律法律事務所
　　　　　　　　陳長文律師、蔣大中律師

出　　版　者／聯合文學出版社股份有限公司
地　　　址／臺北市基隆路一段178號10樓
電　　　話／（02）27666759轉5107
傳　　　真／（02）27567914
郵　撥　帳　號／17623526 聯合文學出版社股份有限公司
登　記　證／行政院新聞局局版臺業字第6109號
網　　　址／http://unitas.udngroup.com.tw
　　　　　　　E-mail:unitas@udngroup.com.tw

印　　刷　廠／博創印藝文化事業有限公司
總　　經　銷／聯合發行股份有限公司
地　　　址／231臺北縣新店市寶橋路235巷6弄6號2樓
電　　　話／（02）29178022
版權所有 · 翻版必究
出　版　日　期／2021年5月　初版
定　　　價／360元

ISBN　978-986-323-384-8（平裝）　　　本書如有缺頁、破損、裝幀錯誤、請寄回調換